Vanessa Conze

Richard Coudenhove-Kalergi

Umstrittener Visionär Europas

PERSÖNLICHKEIT UND GESCHICHTE

Band 165

MUSTER-SCHMIDT VERLAG
GLEICHEN · ZÜRICH

Vanessa Conze

Richard Codenhove-Kalergi

Umstrittener Visionär Europas

MUSTER-SCHMIDT VERLAG GLEICHEN
ZÜRICH

PERSÖNLICHKEIT UND GESCHICHTE

Biographische Reihe im Muster-Schmidt Verlag
Begründet von Prof. Dr. Günther Franz

Herausgegeben von Prof. Dr. Detlef Junker

Vanessa Conze

Geboren 1970 in Düsseldorf. Studium der Geschichte, Germanistik und des öffentlichen Rechts an den Universitäten Tübingen und Aix-en-Provence, Magister/Maîtrise 1997. 1997–2001 Wissenschaftliche Mitarbeiterin am Seminar für Zeitgeschichte der Universität Tübingen, Promotion 2001. Seit 2002 Wissenschaftliche Mitarbeiterin am Sonderforschungsbereich „Kriegserfahrungen. Krieg und Gesellschaft in der Neuzeit" in Tübingen.
Veröffentlichungen: Das Europa der Deutschen. Ideen von Europa in Deutschland zwischen Reichstradition und Westorientierung (1920–1970), Phil. Diss. (2001) sowie zahlreiche Aufsätze zur Ideengeschichte der europäischen Integration (auch unter dem Mädchennamen Plichta).

CIP-Kurztitelaufnahme der Deutschen Bibliothek

Conze:
Coudenhove-Kalergi, Umstrittener Visionär Europas
Gleichen · Zürich: Muster-Schmidt, 2003
(Persönlichkeit und Geschichte; Bd. 165)
ISBN 3-7881-0156-3
NE: GT

2. unveränderte Auflage 2018

Gesamtherstellung: Verlagsgesellschaft Hans Hansen-Schmidt mbH, Gleichen

Inhaltsverzeichnis

Für Mathilde

Einleitung

Richard Nikolaus Graf von Coudenhove-Kalergi war einer der wichtigsten Visionäre „Europas“ im zwanzigsten Jahrhundert. Seit Anfang der zwanziger Jahre setzte er sich – über eine Zeitspanne von fünfzig Jahren hinweg – ununterbrochen für eine europäische Einigung ein. Mithilfe des einprägsamen Schlagworts „Paneuropa“ beschrieb er immer wieder eine in Etappen bis zu einem europäischen Staatenbund, möglicherweise sogar einem Bundesstaat, verlaufende europäische Integration. Diese sah er sowohl in der Zwischenkriegszeit als auch in späteren Jahren als einzige Möglichkeit an, die politischen und wirtschaftlichen Probleme Europas zu lösen, einen weiteren Krieg der Europäer untereinander zu verhindern, den Kontinent gegenüber den aufsteigenden Weltmächten in Ost und West zu schützen und ihm eine einflußreiche Stellung in der internationalen Politik zu wahren. Vom Ende des Ersten Weltkrieges bis zu seinem Tod 1972 suchte der Graf den Kontakt zu den wichtigsten Politikern der europäischen Länder, schrieb zahllose Artikel und Bücher und reiste quer durch Europa, alles mit dem Ziel, seine europäischen Konzepte baldmöglichst verwirklicht zu sehen. Wichtigstes Instrument in diesem Einsatz für Europa war jedoch die von ihm gegründete Paneuropa-Union. Diese erste Europabewegung, gleichsam die Vorläuferin aller späteren Europaverbände, sollte nach Coudenhoves Vorstellung als einflußreiche Massenbewegung „Paneuropa“ voranbringen.

Angesichts eines solchen Einsatzes verwundert es kaum, daß beinahe jede Überblicksdarstellung zur Geschichte der europäischen Einigung Coudenhove als einen der wichtigen Vordenker, aber auch als einen der entscheidenden organisatorischen Wegbereiter der europäischen Integration nach dem Zweiten Weltkrieg erwähnt. Obwohl der Name Coudenhove-Kalergi breiten Bevölkerungsschichten heute kaum mehr bekannt ist, wertet die historische Forschung sein Wirken immer wieder als eine der Wurzeln des geeinten Europas der Gegenwart. Mit dieser allgemein anerkannten Feststellung kontrastiert jedoch aufs deutlichste, daß sich die Geschichtswissenschaft dem konkreten Wirken des „Paneuropäers" bisher nur in unzureichender Weise genähert hat. Ein Blick auf die vorhandene Literatur zeigt, daß es vor allem Anhänger der heute noch existierenden Paneuropa-Union waren, die dem von ihnen verehrten Coudenhove biographische Untersuchungen widmeten. Ihnen ging es vor allem um eine eher unkritische Würdigung des Paneuropäers. Anderen Texten hingegen merkt man ihre Verwurzelung im Lager der zahlreichen Kritiker des Grafen an. Coudenhoves tatsächlicher Einfluß auf das Integrationsgeschehen und die Bedeutung seiner Paneuropa-Union sind bisher jedoch kaum kritisch analysiert worden.

Diese Lücke will die vorliegende Biographie schließen helfen. Sie wendet sich damit an Lernende und Lehrende der Geschichtswissenschaft. Denn mit der zunehmenden Bedeutung der europäischen Integration für unser aller tägliches Leben wird die Auseinandersetzung mit dem historischen Einigungsprozeß, seinen Ursprüngen und seinem Verlauf weiter an Bedeutung gewinnen. Den Anteil „Paneuropas" und seines Schöpfers Richard Coudenhove-Kalergi an der heutigen europäischen Einheit wollen die folgenden Seiten beschreiben. Sein unermüdliches, aber nicht immer erfolgreiches Engagement für eine europäische Einigung, die Vorbehalte, auf welche er stieß, geraten zu einem Spiegelbild der Schwierigkeiten europäischen Miteinanders. So reflektiert das Leben des Paneuropäers die Fortschritte der europäischen Annäherung ebenso wie die Rückschläge. Nicht zuletzt aus diesem Grunde weist die Biographie Richard Coudenhove-Kalergis über sein individuelles Schicksal hinaus. Sie macht eine enge Verknüpfung zwischen Persönlichkeit und Geschichte deutlich, die sich eben nicht ausschließlich bei den „Großen“ der Weltgeschichte findet. Daß sich Coudenhove bei all seinen Bemühungen mit seiner schwierigen Persönlichkeit häufig genug selbst im Weg stand, daß viele seiner Pläne nichts blieben als Utopien, ändert an dieser Feststellung nichts.

1.

Prägung eines Weltbildes: Kindheit, Jugend und Sozialisation

Richard Coudenhove-Kalergis Herkunft und Erziehung spielten eine besondere Rolle für sein späteres europäisches Engagement. Der breite Raum, den er selbst der Beschreibung seiner Kindheit und Jugend in seinen Erinnerungen einräumt, spiegelt diese Bedeutung. Geboren am 17. November 1894 als zweiter Sohn eines österreichischen Diplomaten und einer Japanerin in Tokio, wuchs Coudenhove in einem eigentümlichen Spannungsfeld von europäischen und asiatischen Traditionen auf. Die Mutter, welche nach Rückkehr der jungen Familie nach Europa ihr Heimatland nicht wiedersehen sollte, blieb, trotz Konversion zum Christentum, ihrer japanischen Herkunft verhaftet und vermittelte ihren Kindern viel von den Traditionen, mit denen sie selbst aufgewachsen war. Erklärtes Ziel war es jedoch, die Kinder keinesfalls zerrissen zwi-schen zwei Kulturen aufwachsen zu lassen. Die Eltern wollten ihre Nachkommenschaft vielmehr, wie Coudenhove im Rückblick betont, als „echte Europäer" erziehen. Bei dieser Entscheidung spielte vor allem die Herkunft des von Coudenhove tief verehrten, früh verstorbenen Vaters eine Rolle. Heinrich Coudenhove-Kalergi entstammte einem alten österreichischen Adelsgeschlecht. Es stand für ihn außer Frage, daß seine Kinder gemäß den alten Familientraditionen aufwuchsen. Daher erzog er, Graf und Gutsherr auf dem böhmischen Schloß Ronsberg, seine Kinder mittels Hausunterricht und Privatlehrern ganz im Hinblick auf ein adeliges Leben in der Donaumonarchie. Von klein auf erfuhr der kleine Richard damit die klassische Sozialisation der adeligen Lebenswelt.

Daher wundert es nicht, daß Richard Coudenhove-Kalergi sein ganzes Leben lang der Donaumonarchie verbunden blieb – auch wenn er den Vielvölkerstaat nach dem Ende des Ersten Weltkrieges als „Anachronismus" bezeichnete und seinen Zusammenbruch begrüßte. Die Habsburger Doppelmonarchie, aber auch die in ihr auftretenden Nationalitätenkonflikte, haben ihn entscheidend geprägt. Noch Jahrzehnte später war dies an seinen politischen Konzepten abzulesen, etwa wenn er in den fünfziger Jahren vorschlug, die westdeutsche Nationalhymne durch eine eigene Dichtung mit der Melodie der österreichischen Kaiserhymne zu ersetzen oder eine deutsch-französische Union in Anlehnung an das „Vorbild der Doppelmonarchie an der Donau" zu gestalten.

Entwickelte Coudenhove also schon durch seine väterliche Abstammung – durch adelige Verwurzelung im österreichisch-ungarischen Vielvölkerstaat – ein Bewußtsein für übernationale europäische Zusammenhänge, so kam durch die japanische Herkunft der Mutter ein kosmopolitischer Aspekt hinzu. Durch die mütterliche Prägung begriff Coudenhove Europa schon früh als kulturelle Einheit gegenüber anderen Kontinenten und entwickelte, daraus abgeleitet, das Gefühl für die nationale Besonderheiten übergreifenden Verbindungen innerhalb Europas. „Als Kinder eines Europäers und einer Asiatin dachten wir nicht in nationalen Begriffen, sondern in Kontinenten. [...] Unsere Mutter verkörperte für uns Asien, unser Vater Europa. Es wäre uns schwergefallen, ihn mit irgendeiner Nation zu identifizieren. So war in unseren Augen Europa stets eine selbstverständliche Einheit, das Land unseres Vaters."

Die gewissermaßen doppelt übernationale Sozialisation Coudenhoves hat entscheidend zur Ausbildung seines europäischen Gedankengebäudes beigetragen. Der spätere Paneuropäer war sich dessen bewußt, ja nutzte seine Abstammung immer wieder gezielt, um sich etwa in seinen unzähligen Autobiographien als europäischer Kosmopolit zu stilisieren. Europa nicht vom nationalen Standpunkt und von nationalen Interessen geprägt zu betrachten, sondern den Kontinent als Ganzen zu überblicken, war nach dem Ersten Weltkrieg, als Coudenhove mit seiner „Paneuropa"-Idee an die Öffentlichkeit trat, eine außergewöhnliche Fähigkeit. Sie unterschied ihn von vielen seiner „Rivalen“, welche ebenfalls für eine europäische Annäherung eintraten, dabei jedoch häufig genug in nationalen Zusammenhängen verwurzelt blieben. Es handelte sich allerdings um eine Fähigkeit, die man aus der historischen Rückschau zwar als außergewöhnlich beurteilen mag, die jedoch Coudenhoves Erfolgsaussichten immer wieder radikal begrenzten. Gerade weil ihm der nationale Blickwinkel fehlte, übersah er bei seinen Vorschlägen nicht selten, daß sie mit nationalen Interessen und Notwendigkeiten sowie den Realitäten der nationalstaatlich geprägten Ordnung etwa der zwanziger Jahre, aber auch des Europas der fünfziger und sechziger Jahre unvereinbar waren. Immer wieder unterschätzte Coudenhove die Bedeutung nationaler Fragen in der öffentlichen Meinung, eine Schwierigkeit, die sein gesamtes paneuropäisches Wirken begleiten sollte.

Nach dem standesgemäßen Schulbesuch auf dem Theresianum in Wien begann Coudenhove 1913 Philosophie und Geschichte zu studieren. In den folgenden Jahren veröffentlichte er, der aus gesundheitlichen Gründen keinen Militärdienst leistete, einige philosophische Arbeiten. Diese waren, hervorgerufen durch den Ersten Weltkrieg und die Pariser Friedensverträge, gekennzeichnet von einem deutlichen Krisenbewußtsein. Coudenhove konstatierte, wie so viele seiner Zeitgenossen, den Zusammenbruch aller moralischen und politischen Werte und wollte dem durch den Entwurf eines neuen Weltbildes entgegenwirken. In dessen Kern stand eine erneuerte, nicht an christlich-religiöse Werte gebundene Ethik: die „Regeneration der Moral“ auf den „ewigen Fundamenten der Schönheit“. Diese mit Hilfe ästhetischer Kategorien durchzuführen, dazu wollte Coudenhove Anleitung geben. Das Christentum bot ihm dabei keine Orientierungshilfe, Wünsche nach einer „Rechristianisierung“ schienen ihm gar „reaktionär“, eine Tatsache, die von der heute stark christlich-katholisch orientierten Paneuropa-Union häufig vergessen wird. Stattdessen entwickelte Coudenhove, fußend auf Goethe und Nietzsche als „Propheten“, eine Synthese von Ethik und Ästhetik – eine „Hyperethik“ –, in der

der „Imperativ der Schönheit“ und das „Ideal des Gentlemans“ gelten sollten.

Sein sich in diesen Schriften entwickelndes Weltbild, aus dem er später auch seine europapolitischen Vorstellungen ableitete, blieb dabei konservativ geprägt. So stellte Coudenhove etwa der Demokratie als „Quantitätsprinzip“ die Aristokratie als „Qualitätsprinzip“ entgegen. Mit diesem Bezug auf den „Adel“ war allerdings keineswegs ausschließlich die alte adelige Oberschicht der Habsburgermonarchie gemeint. Vielmehr ging es Coudenhove um die Schaffung einer „Herrschaft der Tüchtigsten und der Weisesten“, um einen „Adel des Geistes“. Damit griff er klassische Elemente einer in der Zwischenkriegszeit weit verbreiteten Diskussion über einen „Neuen Adel“ als politischer und gesellschaftlicher Elite auf. Als Gegenpol zur „Masse“ der modernen Gesellschaft beschworen ganz unterschiedliche Kreise eine neue Aristokratie: vom alten Adel, der von einer Wiederherstellung seines früheren Einflusses träumte, über die „Konservativen Revolutionäre“ bis hin zu den aufstrebenden Nationalsozialisten, denen es um einen „Blutsadel“ ging. Coudenhove-Kalergi stand dabei am ehesten der „Konservativen Revolution“ nahe, von deren Weltbild sich in seinem Denken zahlreiche Elemente ausmachen lassen: die grundsätzliche Skepsis gegenüber der parlamentarischen Demokratie bei gleichzeitiger Bejahung von Autorität, Führung und Elite, die Ablehnung älterer konservativer Lösungsmodelle und die Überzeugung, nur junge, unverbrauchte Kräfte (also man selbst) könnten die als krisenhaft erlebte Gegenwart „erretten“. Auch eine gewisse Faszination für sozialistische Modelle, wie sie in den Reihen der „Konservativen Revolutionäre“ anzutreffen war, findet sich bei dem jungen Paneuropäer. Gleiches galt für die Gewißheit, die Probleme der „Massengesellschaft“ nur mit „modernen“ Mitteln lösen zu können, was letztlich die Bejahung von technischem Fortschritt bedeutete. Nationalistische Elemente, die bei vielen „Konservativen Revolutionären“ den Kern des Weltbildes ausmachten, fehlten Coudenhoves Denken jedoch völlig.

Die autoritär-elitären Grundüberzeugungen Coudenhoves wirkten sich nicht zuletzt in einem ausgeprägten Selbstbewußtsein aus, das er sich sein ganzes Leben über bewahrte und das auch aus seinen autobiographischen Schriften spricht. Dieses Selbstbewußtsein trug entscheidend zu den Problemen bei, die er immer wieder mit seinen Mitmenschen haben sollte und die häufig genug ein erfolgreiches Wirken Coudenhoves verhinderten. Er war und blieb der festen Überzeugung, selbst ein Mitglied des von ihm beschworenen „Geistesadels" zu sein und trat seiner Umgebung häufig mit heftiger Arroganz und einem ausgeprägten Autoritätsanspruch gegenüber.

Verstärkt wurde dieser Führungsanspruch Coudenhoves offenbar noch durch seine Frau Ida Roland. Die Liebe zwischen ihm und der Schauspielerin, welche Coudenhove etwa zur Zeit seines Abiturs kennengelernt und bald darauf geheiratet hatte, muß sehr tief gewesen sein, und Coudenhove litt 1951 sehr unter ihrem Tod – auch wenn er bald eine neue Ehe einging. Doch in der Zwischenkriegszeit entwickelte sich Ida Roland zu seiner engsten Mitarbeiterin, vielleicht sogar zu der einzigen Person überhaupt, mit der Coudenhove seine Ideen und die Führung der Paneuropa-Union teilte. Die Zeitgenossen betrachteten diesen Einfluß der Ehefrau äußerst skeptisch. Man machte nicht zuletzt Ida Roland verantwortlich für die seit den zwanziger Jahren dauerhaft vorhandene Weigerung Coudenhoves, mit anderen Europabewegungen zusammenzuarbeiten. Doch selbst wenn dieser immer wieder geäußerte Vorwurf einen wahren Kern besitzen sollte, war es vor allem der egozentrische Charakter Coudenhoves, der in den Jahren nach der Veröffentlichung seines Buches „Paneuropa" für Konfliktstoff sorgte. Er sah sich selbst, wie Jean Luc Chabot es beschrieben hat, als einzigen Propheten seiner neuen Religion: „Paneuropa".

2.

Im Anfang war ein Buch: „Paneuropa“

Die Umstände „einer Zeit, in der ringsum die Welt brennt“, trieben Coudenhove nach eigenen Aussagen dazu, das eigentlich angestrebte Karriereziel eines Philosophie-Professors nach Ende des Ersten Weltkrieges aufzugeben. Stattdessen wandte er sich nun der Politik und dem politischen Journalismus zu. Anfangs galt sein besonderes Interesse den Konzepten des amerikanischen Präsidenten Wilson und dessen Vorstellungen einer internationalen Friedensordnung, den 14 Punkten. Vom Völkerbund versprach sich Coudenhove den „Auftakt zu den Vereinigten Staaten der Welt“, in denen „alle Individuen und Völker, die bisher geknechtet waren [...] frei werden und durch Zusammenarbeit ihren Frieden sichern.“ Als jedoch deutlich wurde, daß der Völkerbund ohne eine amerikanische und sowjetische Mitgliedschaft diese Aufgabe nicht würde erfüllen können, verlor sich Coudenhoves Begeisterung für die neue Weltordnung. Hinzu kam, daß er auch die durch die Pariser Vorortverträge skizzierte europäische Nachkriegsordnung mehr als skeptisch beurteilte, sah er doch Revanchismus und neue Feindschaft zwischen den europäischen Nachbarn keimen. Enttäuscht suchte er nach anderen Lösungen für die anstehenden politischen Probleme, Lösungen, die sich schließlich in seinem Buch „Paneuropa“ niederschlagen sollten.

Coudenhove zog sich, nach der Publikation einiger Zeitungsartikel, die im Herbst 1922 bereits das Thema eines europäischen Zusammenschlusses ansprachen, zurück und schrieb im Verlauf weniger Wochen jenes Buch, das den 27jährigen schlagartig berühmt machte: „Paneuropa“ erschien im Oktober 1923 in einem eigens für diese Veröffentlichung gegründeten Verlag gleichen Namens. Das Buch, mit prägnanten Formulierungen, klaren Sätzen und flammenden Aufrufen äußerst publikumswirksam geschrieben, entwickelte sich zu einem Verkaufserfolg. Bereits wenige Monate nach Erscheinen war (nach Angaben Coudenhove-Kalergis) die erste Auflage von 5000 Exemplaren vergriffen. „Paneuropa“ avancierte, trotz aller Kritik, die sich daran entzünden sollte, zum geflügelten Wort, ja wurde in der Zwischenkriegszeit selbst in Diplomatenkreisen zum Synonym für europäische Einigungsbestrebungen überhaupt. Und auch wenn Coudenhove den Begriff nicht erfunden hatte, sondern ihn von Alfred H. Frieds „Panamerika“ ableitete, so wurde sein Name doch fortan mit „Paneuropa“ assoziiert. Coudenhove-Kalergi wurde für seine Zeitgenossen zum „Europäer“ schlechthin. Der Erfolg „Paneuropas“ hing eng mit der sich nach dem Höhepunkt der Rheinlandbesetzung von 1923 langsam entspannenden internationalen Lage zusammen. Das Bedürfnis nach einem neuen Miteinander war nach der Krisenzeit Anfang der zwanziger Jahre in ganz Europa groß, und Coudenhove gelang es, just in diesem Moment mit seinem einprägsamen Topos „Paneuropa“ in die Öffentlichkeit vorzustoßen. So kommt dem Buch ganz unzweifelhaft eine entscheidende Bedeutung für die Geschichte der europäischen Integration zu.

Coudenhove skizzierte in „Paneuropa“ ein umfassendes Programm zur europäischen Einigung. Dabei ging er in klassisch geopolitischer Argumentation von der Überzeugung aus, daß sich die Welt zukünftig, vor allem aufgrund des technischen Fortschritts, in großräumigen Zusammenhängen organisieren werde und daß das in Einzelstaaten zersplitterte kontinentale Europa vier Großmächten gegenüberstehe: den USA, Rußland beziehungsweise der Sowjetunion, Großbritannien und Ostasien. Europa, das seine einstige Weltgeltung durch den Krieg verloren habe, gleichzeitig aber als einziger Großraum noch nicht politisch und wirtschaftlich organisiert sei, müsse nun ebenfalls ein „politisch-wirtschaftliches Zweckbündnis“ bilden, um sich einerseits gegenüber den anderen Großräumen behaupten zu können. Andererseits garantiere ein

Abb. 1: Richard Coudenhove-Kalergi als junger Mann

Abb. 2: Die Eröffnung des Ersten Paneuropa-Kongresses 1926 in Wien durch den österreichischen Kanzler Ignaz Seipel

Zusammenschluß den europäischen Frieden und schütze Europa und die Welt damit vor einem neuen Krieg. Aus diesem paneuropäischen Zweckbündnis, ohne Rußland und England, sollte sich auf Dauer ein Staatenbund der „Vereinigten Staaten von Europa“ und eine europäische Nation, die die nationalstaatliche Identität nicht ersetzen, sie aber gleichsam überwölben sollte, entwickeln. Entsprechend der amerikanischen Monroe-Doktrin müsse es also in Zukunft heißen: „Europa den Europäern!“

Dieses „Paneuropa“ war natürlich nicht in einem Schritt zu schaffen. Nach Coudenhove sollte die Einberufung einer „paneuropäischen Konferenz“ am Anfang stehen, um die europäischen Nationen an einen Tisch zu bringen und Verhandlungen über Streitpunkte zu ermöglichen – wobei territoriale Fragen wegen der unüberbrückbaren Meinungsverschiedenheiten vorerst undiskutiert zu bleiben hatten. Annehmen sollte sich die Konferenz hingegen umstrittener Komplexe wie Abrüstung, Sicherheitsgarantien, der Einrichtung eines europäischen Schiedsgerichtes, Minderheiten-, Zoll-, Verkehrs-, Schulden- und Kulturfragen. Neben Ausschüssen sollte die Konferenz ein paneuropäisches Büro als Dauereinrichtung ins Leben rufen und regelmäßige Zusammenkünfte planen. Diese Verhandlungen würden, so Coudenhove, den Abschluß eines europäischen „Schieds- und Garantievertrages“ ermöglichen, der sich eventuell in einen „Friedensbund“ mit obligatorischem Schiedsgericht, Nichtangriffs- und Grenzgarantie entwickeln könnte. Eine europäische Zollunion stellte dann den dritten Schritt auf dem Weg nach „Paneuropa“ dar, welcher schließlich gekrönt werden sollte durch die „Konstituierung der Vereinigten Staaten von Europa“, einen Staatenbund. Dieser Staatenbund, mit Englisch als Verkehrssprache, sollte zwei politische Kammern besitzen, ein „Völker- und ein Staatenhaus“. Darüber hinaus ließ Coudenhove seine politische Ausgestaltung offen.

Insgesamt zeigt die Analyse der Coudenhoveschen Schriften eine erstaunliche Sorglosigkeit in der Formulierung seines politischen Ziels: Er verwandte wahlweise und ständig wechselnd die Begriffe Konföderation, Föderation, Bund, Staatenbund, Union, Vereinigte

Staaten von Europa oder Paneuropa. Über die Jahre schwankte er immer wieder zwischen einer föderalen und einer konföderalen Organisation seines „Paneuropa“. Insgesamt lag das Übergewicht wohl auf konföderaler Seite, das heißt, die europäischen Staaten sollten sich unter Bewahrung ihrer nationalen Souveränitäten zusammenschließen. Die föderale, also bundesstaatliche Einigung Europas schien Coudenhove angesichts der in Europa rivalisierenden Nationalstaaten in der Zwischenkriegszeit wohl als kaum zu verwirklichende Vision. Im Verlauf des Zweiten Weltkrieges und in der unmittelbaren Nachkriegszeit stiegen auch bei ihm die Hoffnungen auf einen europäischen Bundesstaat, während er in den sechziger Jahren im Gefolge de Gaulles wiederum eher staatenbündische Strukturen propagierte. Coudenhoves Ansprüche an die politischen Systeme der Mitgliedsstaaten „Paneuropas“ blieben ähnlich schwammig. Er betrachtete diese Frage als „innere Angelegenheit“ der beteiligten Nationen; garantiert sein müsse nur, daß die einzelnen Länder, ob sie nun demokratisch, monarchisch oder faschistisch organisiert waren, die Grundregeln „Paneuropas“ einhielten, also die Menschenrechte akzeptierten und sich nationalistischer Politik enthielten. So schrieb der Graf: „Die faschistischen Gegner Paneuropas haben oft versucht, die Paneuropa-Bewegung mit der demokratischen Ideologie zu identifizieren. Dieser Versuch muß schon deshalb mißlingen, weil meine philosophischen Ideen niemals demokratisch waren, sondern stets aristokratisch. [...] Auch heute ist Paneuropa neutral im Kampf zwischen Demokratie und Faschismus. Wir können nicht mit der Verwirklichung Paneuropas warten, bis ganz Europa einheitlich faschistisch ist oder demokratisch [...]. Darum muß Paneuropa so organisiert sein, daß es ein Nebeneinander von verschiedenartigen Verfassungsformen im Rahmen seines Staatenbundes duldet [...].“

Ähnlich offen stand Coudenhove persönlich unterschiedlichen politischen Staats- und Regierungsformen gegenüber. Während er in der Mitte der zwanziger Jahre beispielsweise betonte, jeder Paneuropäer müsse Republikaner sein, zögerte er in den dreißiger Jahren nicht, autoritär-faschistische Systeme zu unterstützen. Bald darauf,

Anfang der vierziger Jahre, sprach er sich für die Monarchie als zukunftsweisende Staatsform aus. Dies zeigt deutlich, daß es Coudenhove eigentlich um etwas anderes ging: Er dachte primär in klassischen, realpolitischen „Machtkategorien“ und suchte folglich bei jedem Unterstützung, der die Macht haben könnte, seine eigenen Pläne zu unterstützen. Von Briand über Mussolini, Dollfuß, Roosevelt, Churchill und Adenauer bis zu de Gaulle versuchte Coudenhove alle „großen Männer“ seiner Zeit von seinen Ideen zu überzeugen. Dem paßte er die ideelle Ausformung seines „Paneuropa“ bedingungslos an, was ihm wiederum bis weit in die zweite Nachkriegszeit hinein negativ ausgelegt wurde.

Coudenhoves „Paneuropa“ pendelte zwischen zwei Polen. Auf der einen Seite handelte es sich um ein geschlossenes Konzept, das die schrittweise Einigung Europas hin zu einem europäischen Staatenbund skizzierte. Und auch wenn der Paneuropäer nicht der einzige war, der in der ersten Hälfte der zwanziger Jahre eine europäische Verständigung forderte, so war sein Programm doch gegenüber anderen, die häufig genug mit „Verständigung“ keine weiteren Ziele verbanden als die Verbesserung des politischen Klimas in Europa, weitreichender. Nicht zuletzt hatte es den Vorteil, mit griffigen Schlagworten umschrieben zu sein, die sich den Zeitgenossen einprägten und die Verständigung Europas bald größtenteils mit „Paneuropa“ und der Person Coudenhove-Kalergis assoziierten. Auf der anderen Seite war das Konzept jedoch nicht prägnant und klar genug. Es war nicht politisch gedacht. Es war zu visionär, um in der Tagespolitik eine realistische Chance zu haben. So mußte Coudenhove-Kalergi aus dem Himmel der politischen Visionen wohl oder übel in die Niederungen der Tagespolitik hinabsteigen – und damit begannen die eigentlichen Probleme „Paneuropas“.

Denn neben Zustimmung rief Coudenhoves Konzept auch starke Kritik hervor. Als Beispiel seien dafür einige Punkte herausgegriffen, die dem Paneuropäer vor allem im Deutschen Reich angekreidet wurden. Konfliktstoff boten etwa Coudenhoves Vorschläge zu den durch die Versailler Ordnung entstandenen Grenzfragen. Diese waren nach seiner Vorstellung nur zu lösen, indem man sie – auf der

Grundlage des Versailler Vertrages – so lange ruhen ließ, bis die Grenzen durch eine europäische Einigung abgebaut und schließlich aufgehoben würden. Eine solche Herangehensweise setzte nach Coudenhove allerdings die allgemeine Bereitschaft voraus, mittels Übernahme des Konzepts der Kulturnation die Nation als ein „Reich des Geistes“ zu begreifen, „das nicht durch Grenzpfähle begrenzt werden kann“. Gerade die Deutschen müßten davon Abstand nehmen, Staatsgebiet und Nation in Übereinstimmung bringen zu wollen, sondern akzeptieren, daß deutsche Minderheiten in andere Staatsverbände integriert würden. In diesem Sinne sollte ein Sudetendeutscher „versuchen, zugleich ein guter tschechoslowakischer Staatsbürger und ein guter deutscher Mensch zu sein“. Grundlage des nötigen Minderheitenschutzes bildeten nach Coudenhove „nationale Toleranzedikte“. Diese Vorstellungen konnten sich im Deutschland der Zwischenkriegszeit nicht durchsetzen: Der erzwungene Verzicht auf die an Polen „verlorenen“ Gebiete, auf Elsaß-Lothringen, Eupen-Malmedy oder den „Anschluß“ wog zu schwer, um der zukunftsweisenden Idee vom Abbau der Grenzen auf Grundlage der Versailler Ordnung breite Unterstützung zu verschaffen. Statt einer Trennung von „Nation und Staat“ im Sinne Coudenhove-Kalergis verstärkten sich vielmehr, spätestens mit Beginn der dreißiger Jahre, die revisionistischen Kräfte. „Paneuropa“-Anhänger sahen sich im Deutschen Reich spätestens seit diesem Zeitpunkt immer wieder dem Vorwurf des „Vaterlandsverrats“ ausgesetzt.

Auch die wirtschaftlichen Forderungen Coudenhoves an „Paneuropa“ stießen nicht auf ungeteilte Zustimmung. Für ihn stellten eine Zollunion und ein gemeinsamer Markt die einzige Möglichkeit dar, die europäischen Wirtschaftsprobleme zu überwinden. Verstärkt werden sollte dieser Großwirtschaftsraum noch durch die Nutzung von Kolonien in Afrika, dem „Garten“ und der „Plantage“ Europas. Diesen wirtschaftlichen Aspekt Paneuropas unterstützten zwar Teile der deutschen Industrie und Wirtschaft. Gleichzeitig stieß Coudenhove in diesen Kreisen jedoch auf deutliche Vorbehalte gegenüber dem Aufbau eines politisch vereinten Europas, ein

Aspekt, den er selbst als untrennbar von der wirtschaftlichen Einigung ansah. Im Deutschen Reich konnten daher vorwiegend jene Organisationen verständigungsbereite Wirtschaftskreise an sich binden, die, wie etwa das um den luxemburgischen Stahlindustriellen Emile Mayrisch konzentrierte Deutsch-Französische Studienkomitee, auf eine politische Integration als Zielpunkt weitgehend verzichteten.

Auch die territoriale Struktur Paneuropas zog Kritik auf sich. Bedroht sah Coudenhove Europa vor allem aus dem Osten: sein Denken war lebenslang bestimmt von einem starken Antikommunismus, welchen eine traditionell österreichisch-ungarische antirussische Tendenz ergänzte. Immer wieder zeichnete der Paneuropäer, vor allem in seinen Schriften und Artikeln der Zwischenkriegszeit, das Schreckbild eines in Einzelstaaten zersplitterten Europas, dem der russische Koloß gegenüberstünde, der sich seit Jahrhunderten „im Anmarsch gegen Westen“ befinde. In der Schwäche Europas sah Coudenhove eine Einladung an Rußland beziehungsweise nunmehr die Sowjetunion, ebenso wie er glaubte, „daß jeder Friede zwischen demokratischen und sowjetischen Staaten von den Sowjets nur als Waffenstillstand aufgefaßt wird, als Pause zur Erholung und zur Vorbereitung zum nächsten Angriff.“ Dieser Antibolschewismus sollte Coudenhove auf Dauer zwar die Unterstützung konservativer Kräfte garantieren. Liberale, sozialdemokratische und sozialistische Kreise, von kommunistischen ganz abgesehen, warfen Coudenhove hingegen vor, selbst als Kriegstreiber gegen das bolschewistische Rußland zu wirken. Ähnlich negativ legte man ihm die Ausgrenzung Englands aus „Paneuropa“ aus: Was Coudenhove realistisch begründete, indem er betonte, daß England aufgrund des Empire sich in Europa nicht dauerhaft politisch binden würde und daß ein geeintes Europa selbstverständlich freundschaftliche Kontakte zum Nachbarn jenseits des Ärmelkanals unterhalten müsse, wurde ihm vielfach als „feindlicher Akt“ gegenüber der Insel ausgelegt.

So stieß Coudenhove bei ganz unterschiedlichen Kreisen, aus ganz unterschiedlichen Gründen auf Zustimmung, aber auch auf heftige Ablehnung und Kritik. 1923 jedoch, als das Buch „Paneuropa“ erschien, überwog in demokratischen, liberalen und pazifistischen Kreisen vorerst ein positives Echo; die Kritik an Coudenhove sollte sich – von stark nationalistisch orientierten Kreisen abgesehen – erst langsam Bahn brechen. Der Reiz „Paneuropas“ lag bei Erscheinen des Buches in verschiedenen Punkten: Es handelte sich um ein prägnant und pathetisch geschriebenes Buch, das ein auf den ersten Blick geschlossenes Programm propagierte, gewissermaßen eine Vision, für die zu kämpfen sich zu lohnen schien. Die Zeit war im Oktober 1923, nach der Rheinlandkrise und der Ruhrbesetzung, reif für die Ideen Coudenhoves. Hinzu kam allerdings ein außergewöhnlicher Schachzug: Der Graf brachte nicht nur ein Buch auf den mit politischen Schriften überfüllten Markt, sondern er verband seine Ideen mit einem Aufruf zur Gründung einer Europa-Organisation. Die sich daraus entwickelnde Paneuropa-Union sollte die Realisierung der Konzepte Coudenhoves als einflußreiche Massenbewegung in der politischen Realität durchsetzen.

3.

Die Gründung der Paneuropa-Union: erste Erfolge, erste Konflikte

„Dieses Buch ist bestimmt, eine große politische Bewegung zu wecken, die in allen Völkern Europas schlummert. [...] Die Zukunft Paneuropas hängt [...] davon ab, ob die ersten Tausend Anhänger die Glaubens- und Werbekraft besitzen, um Millionen zu überzeugen und die Utopie von gestern in eine Wirklichkeit von morgen zu verwandeln. Ich rufe die Jugend Europas auf, dieses Werk zu vollbringen!" Indem Richard Coudenhove-Kalergi seinem Buch „Paneuropa" diese Sätze voranstellte, war er von Anbeginn darum bemüht, die rein intellektuelle Diskussionsebene zu verlassen: Jedem Exemplar des Buches lag eine Beitrittskarte zur Paneuropa-Union bei. Hunderte von Lesern reagierten offenbar auf das (vorerst kosten- und verpflichtungslose) Angebot, so daß sich Coudenhove-Kalergi bestätigt fühlte, den Aufbau seiner Organisation voranzutreiben. Dieses Vorgehen des Grafen wird allgemein als entscheidend angesehen. Erstmals trat hier jemand an, die europäische Idee nicht nur theoretisch zu diskutieren, sondern ihre Umsetzung auch praktisch zu fördern. Dies unterschied ihn in den Augen der Öffentlichkeit von all jenen Autoren, die allein publizistisch für eine europäische Verständigung eintraten. Und tatsächlich kommt Coudenhove in diesem Zusammenhang eine Vorreiterrolle zu. Denn schon bald nach dem Ende der Rheinlandkrise und mit dem Beginn der Verständigungsära rund um die Verträge von Locarno schossen zahlreiche kleine Europagrüppchen wie Pilze aus dem Boden. Doch im Vergleich mit diesen anderen Gruppierungen gelang es dem Grafen vor allem durch ein ganz erhebliches publizistisches Engagement und ein lautstark-selbstbewußtes Auftreten, ein weitaus höheres Maß an Aufmerksamkeit zu erlangen. So war die Idee, das Paneuropa-Konzept mit der Gründung einer Paneuropa-Union zu verbinden, in der spezifischen Situation der zwanziger Jahre hervorragend geeignet, Coudenhove die notwendige Öffentlichkeit zu verschaffen und ihm Mitstreiter für seine Ziele zuzuführen. Tatsächlich bildeten sich bald überall in Europa spontan Paneuropa-Gruppierungen, die nur auf die offizielle „Anerkennung" durch Coudenhove-Kalergi warteten. Der Weg zu einer einflußreichen Massenbewegung schien beschritten.

Doch nicht nur in Teilen der europäischen Bevölkerung stieß Coudenhove auf positive Resonanz. Auch seine Bemühungen um Kontakte zu Regierungsvertretern und hochrangigen Persönlichkeiten schienen durchaus erfolgreich. Dies gilt zuallererst für Österreich und seine Hauptstadt Wien, das sich aufgrund seiner multinationalen Traditionen als besonders aufgeschlossen für die paneuropäische Idee erwies und in diesen ersten Jahren das Zentrum der Paneuropa-Union war: Es gelang Coudenhove, den Bundeskanzler Ignaz Seipel von der Christlichsozialen Partei, den ehemaligen Bundespräsidenten und Außenminister Karl Renner von den Sozialisten und den Vizekanzler Franz Dinghofer von der Großdeutschen Partei dazu zu bewegen, das Präsidium bzw. Vizepräsidium der österreichischen Paneuropa-Union zu übernehmen. Ähnliches galt für die Tschechoslowakei, deren Staatsbürger Coudenhove nach 1919 geworden war. Hier übernahm Außenminister Eduard Beneš das Ehrenpräsidium der tschechischen Paneuropa-Union. Damit hatten Vertreter ganz unterschiedlicher politischer Richtungen, vom politischen Katholizismus über den Sozialismus bis hin zu den Nationalen, ihre grundsätzliche Bereitschaft erklärt, sich für „Paneuropa" einzusetzen. Diese Tatsache blieb nicht ohne Signalwirkung auf Politiker anderer Länder.

Angesichts dieser ersten Erfolge bemühte sich Coudenhove-Kalergi schon bald auch um Kontakte im Deutschen Reich, dem nach seiner Vorstellung neben Frankreich wichtigsten Land im Hinblick auf eine europäische Verständigung. Bei seinen Bemühungen um die Gründung einer deutschen Paneuropa-Sektion konnte der Graf auf eine großzügige Spende des Bankiers Max Warburg zurückgreifen. Auch Wilhelm Heile, DDP-Politiker und ehemaliger Mitarbeiter Friedrich Naumanns, bot seine Hilfe an. Ihm schlug Coudenhove-Kalergi vor, als Generalsekretär der Paneuropa-Union in Deutschland die Sektion im Reich mitaufzubauen. Schon bald allerdings kam es über die Frage, welche Aufgaben, Pflichten und Rechte denn einem „Generalsekretär" zustanden, zu Auseinandersetzungen. Der selbstbewußte Heile wehrte sich gegen eine deutlich untergeordnete Stellung gegenüber Coudenhove und forderte inhaltliche und organisatorische Verantwortung. Coudenhove-Kalergi war jedoch – und damit taucht ein immer wiederkehrendes Thema der kommenden Jahrzehnte zum ersten Mal auf – nicht bereit, Macht und Einfluß als Führer seiner Paneuropa-Bewegung zu teilen. Im Frühjahr 1925 trennten sich die Wege der beiden, und Heile widmete sich fortan einer anderen europäischen Gruppierung, dem „Verband für europäische Verständigung". Nach dem Zweiten Weltkrieg war Wilhelm Heile in den westlichen Besatzungszonen Mitbegründer der Europa-Union, welche sich schon bald zum wichtigsten Europaverband in der Bundesrepublik entwickelte, gegen den die Paneuropa-Union kaum mehr eine Chance hatte. Diese heftige Konkurrenz hatte in den Konflikten Mitte der zwanziger Jahre ihre Wurzeln. Coudenhove-Kalergi konnte sich aufgrund seines ausgeprägten Selbstbewußtseins, seines aristokratischen Führungsanspruchs und der vollkommenen Überzeugtheit vom eigenen europäischen Programm nicht vorstellen, daß ihm von anderer Seite ernsthafte Konkurrenz erwachsen würde. Darin allerdings sollte er sich gründlich täuschen: Die Zersplitterung der europäischen Bewegung gehörte fortan zu ihren Markenzeichen und hat die Wirksamkeit der Verbände weit in die Zeit nach 1945 hinein stark beschnitten.

Nach Heiles Ausscheiden sah sich Coudenhove-Kalergi schon bald von anderer Seite mit Gestaltungsansprüchen in Bezug auf eine deutsche Paneuropa-Sektion konfrontiert. Denn während er vor allem Kontakte auf der politischen Ebene knüpfte, gründeten sich, wie bereits erwähnt, in diversen deutschen Großstädten spontan

Paneuropa-Gruppen. Diese Gruppen drängten nun darauf, sich organisatorisch zu festigen. Das zögernde und allein auf die Politik orientierte Vorgehen Coudenhoves rief bei den Aktivisten Sorge hervor, man befürchtete „1. das Nachlassen des Interesses bei vielen, die für die Idee schon gewonnen waren, aber mangels äußerlich wahrnehmbarer Entwicklung zu zweifeln beginnen. 2. den Versuch einzelner ungeduldiger Interessenten zu Gründungen auf eigene Faust, welche ohne offizielle Vollmachten den Eindruck von Zersplitterung hervorrufen würden [...]. 3. die Zunahme von Nebenbewegungen mit ähnlichen Zielen. 4. das Ausnutzen der scheinbaren Stagnation der Bewegung von gegnerischer Seite." Daher plante man in Berlin, „die Hunderte von hiesigen Mitgliedern zunächst zu einer privaten Vereinigung zusammen[zu]schließen [...], die sich dann einem offiziellen Büro natürlich zur Verfügung stellen würde, sobald es existiert."

Erst in der zweiten Jahreshälfte 1925 begann sich die Paneuropa-Union Deutschland endlich zu formieren. Das Sekretariat, und damit die effektive Geschäftsführung, allerdings konnte erst im Februar 1926 besetzt werden. Daraufhin ging es auch mit der Organisationsbildung voran: Im Mai 1926 wählte der Vorstand Reichstagspräsident Paul Löbe (SPD) zum Präsidenten, den Vorsitzenden der DDP, Erich Koch-Weser, und Hugo Graf Lerchenfeld von der BVP zu Vizepräsidenten. Generalsekretariat und Vorstand bildeten fortan die deutsche Sektion der Paneuropa-Union; unterhalb dieser Ebene schlossen sich Ortsgruppen in zahlreichen deutschen Städten zusammen, wobei die Berliner Gruppe alle anderen im Reich weit an Mitgliederzahlen übertreffen sollte: Von den insgesamt etwa 2300 Mitgliedern der Paneuropa-Union im Reich Anfang 1927 gehörte beinahe die Hälfte der Berliner Sektion an.

Große Hoffnung auf die endgültige organisatorische Stabilisierung der Bewegung setzten die deutschen Mitglieder auf den ersten Paneuropa-Kongreß im Oktober 1926 in Wien. Tatsächlich entstand bei diesem Anlaß das internationale Generalsekretariat. Gleichzeitig ließ sich Coudenhove-Kalergi per Akklamation zum Präsidenten der internationalen Paneuropa-Union wählen. Inhaltlich brachte der

Kongreß indes nur wenige Ergebnisse. Dies lag allerdings durchaus in Coudenhoves Interesse, sah er doch das Programm der Paneuropa-Union durch seine Schriften ausreichend skizziert, ohne daß er eine weitere pluralistische Meinungsbildung durch die Paneuropa-Anhänger für notwendig hielt. Er forderte daher von vorneherein jene auf, von „diesem Feste fern[zu]bleiben, die den Kongreß dazu mißbrauchen wollen, die Bewegung zu verfälschen, zu verwässern oder zu sprengen; alle, die für kleinliche Sonderinteressen oder doktrinäre Schattentheorien Propaganda machen wollen, alle Nörgler, Sektierer, Spione, Schmarotzer, Eigenbrötler, Haarspalter, Profiteure und Zyniker [...]. Denn dieser Kongreß wird kein Kongreß über Paneuropa sein – sondern für Paneuropa; kein Debattierklub politischer Theorien – sondern der erste Kriegsrat eines politischen Feldzuges [...]."

So wirkte der Kongreß denn auch gerade wegen seiner theatralischen Aufmachung und Inszenierung: Die Entrollung der von Scheinwerfern bestrahlten europäischen Flagge mit dem Paneuropa-Symbol (auf hellblauem Grund eine goldene Sonne mit einem roten Kreuz und 28 Strahlen als Symbol der Staaten Europas) oder die Deklamation einer Europa-Hymne durch Coudenhoves Ehefrau Ida Roland führten zwar dazu, daß die Deutsche Gesandtschaft in Wien an das Auswärtige Amt meldete, „über den Paneuropa-Kongreß [...] läßt sich leichter ein Feuilleton als ein politischer Bericht schreiben." Die Öffentlichkeit nahm jedoch durch umfangreiche Berichterstattung Kenntnis von dem Kongreß. Allein schon das zur Schau gestellte Selbstbewußtsein unterschied also die Paneuropa-Union von den konkurrierenden „europäischen" Gruppen.

Der Kongreß führte auch in Deutschland zu einem weiteren Aufschwung der Paneuropa-Union. Vor allem fühlte sich die deutsche Sektion, allen voran die Berliner Gruppe, bestärkt, nun die organisatorische Festigung durch eine Satzung abzuschließen, in deren Entwurf es hieß: „Jede der einzelnen Landesunionen muß ein in sich der Eigenart und den Bedürfnissen des jeweiligen Landes entsprechend aufgebauter Körper sein. Die Landesunion soll absolut selbständig sein in der Art und Weise, wie sie die von der Zentrale gegebene Richtlinie in die Praxis übersetzt." Die deutschen Paneuropäer versuchten damit, sich aus der engen Führung durch Coudenhove zu befreien und stärkere Eigenverantwortung zu übernehmen. Es ging ihnen darum, die deutsche Paneuropa-Union auf die nationalen Problemlagen im Deutschen Reich hin auszurichten und somit ihre Wirkungsmächtigkeit gezielt zu stärken. Dieser Anspruch führte jedoch zu heftigen Konflikten mit Coudenhove-Kalergi, die sich über beinahe zwei Jahre zwischen 1926 und 1928 erstreckten und schließlich zur vollständigen Umstrukturierung der Paneuropa-Union Deutschland führten.

Der Hauptkonflikt ergab sich aus der Frage, ob, wann und wie die Bewegung von einem relativ elitären Verein zu einer Massenbewegung umgestaltet werden sollte. Coudenhove-Kalergi selbst hatte zwar immer wieder eine Massenbewegung als Zielvorstellung genannt, doch meinte er etwas grundsätzlich anderes als viele seiner deutschen Anhänger. Hier zeigt sich ein tiefer Zwiespalt im Handeln des Paneuropäers, der vor allem mit seinen weltanschaulichen Überzeugungen zu erklären ist. Denn obwohl der Graf seinem Buch „Paneuropa" den zitierten Aufruf vorangestellt hatte und damit den Anschein erweckte, eine demokratisch strukturierte Massenorganisation gründen zu wollen, die durch außerparlamentarischen Druck die Realisierung „Paneuropas" vorantreiben sollte, entsprach dies im Kern nicht seinen Absichten. Coudenhove stand aufgrund seines elitär-aristokratischen Weltbildes dem Wirken und dem Einfluß der „Massen", also breiter Bevölkerungsschichten, mehr als skeptisch gegenüber. Seine eigenen elitären Überzeugungen spiegelten sich deutlich in der von ihm immer deutlicher betonten „Unterscheidung zwischen Union und Bewegung". Erstere, die eigentliche Paneuropa-Union, bestand in diesem Konzept nur aus relativ wenigen Mitgliedern, während die Bewegung nach Coudenhoves Worten „Millionen ergriff". Dieses Konzept einer elitären Organisation, die im Hintergrund so viele Anhänger habe, „daß sie durch keine Organisation ein[zu]dämmen" wäre, war eine Konstruktion, die mit der tatsächlichen Situation der Paneuropa-Union weder in den zwanziger Jahren noch zu irgendeinem späteren Zeitpunkt etwas zu tun hatte. Daß Coudenhove sie jedoch wiederholt nützte, um die Beschränkung der Paneuropa-Union auf eine kleine Gruppierung zu erklären und zu rechtfertigen, zeigt, daß er kein Interesse an einer Massenbewegung hatte. Und an einer demokratischen Verbandsführung und einem föderativen Aufbau der Paneuropa-Union schon gar nicht, wie die folgenden Sätze zeigen: „Bei der inneren Organisation der Bewegung scheiden die politischen Begriffe der parlamentarischen Demokratie ebenso aus wie die der Diktatur." In Frage käme nur die „freiwillige Anerkennung [...] des Führergedankens." Was Coudenhove im Hinblick auf eine Staatsordnung nicht überzeugte – die Demokratie –, konnte auch im Hinblick auf seine Europaorganisation nicht vorrangiges Ziel sein. Vielmehr ging es dem Grafen darum, wichtige und hochrangige Persönlichkeiten aus Politik und Öffentlichkeit von seinen Ideen zu überzeugen. Er wollte „Paneuropa" durch die Initiative eines Staatsmannes verwirklicht sehen, ganz wie es seinen eigenen Überzeugungen von „Führung" und Elite entsprach. Für seine deutschen Anhänger jedoch stellte die demokratische und „massenbewegte" Ausgestaltung des Verbandes Grundvoraussetzung einer solchen Bewegung dar, in der auch den unteren Gruppen eine relative Freiheit überlassen werden sollte. Gerade dies wollte Coudenhove aber nicht gewähren.

So beklagten sich die deutschen Mitglieder der Paneuropa-Union immer wieder aufs heftigste in Wien: „Geben Sie Gedankenfreiheit Ihren Mitarbeitern und überlassen Sie ihnen das gebührende Tätigkeitsfeld. [...] Kein Paneuropäer will in den Klingelbeutel seine Peterspfennige für einen Paneuropa-Papst werfen. [...] Sie sind kein Kaufherr, der in allen europäischen Ländern Filialen errichtet und Prokuristen einsetzt, die seine Geschäfte zu besorgen haben. [...] Ihre schriftstellerischen Arbeiten sind erfüllt von demokratischem Geist, wollen Sie in praxi sich untreu werden? Herr Graf, gefährden Sie nicht Ihr eigenes Werk: Seien Sie unser Führer, aber versuchen Sie nicht, unser Herr zu sein."

Coudenhove beendete die schwelenden Auseinandersetzungen mit den selbständigen Berlinern auf radikalste Weise. Im Frühsommer 1928 löste er den Berliner Landesverband auf und gliederte seine Geschäfte dem nationalen Sekretariat ein. Dabei nutzte er die Begründung, die Bemühungen des Berliner Sekretariates und auch des nationalen Vorstandes um „Paneuropa" hätten zu einem „vollständigen Stocken der Mitgliederzahlen geführt".

Dieses Stocken der Mitgliederzahlen, das die Paneuropa-Union 1928 tatsächlich hinnehmen mußte, hatte jedoch weitaus vielschichtigere Gründe. Zum ersten gab es in der Zwischenkriegszeit insgesamt noch nicht viele überzeugte „Europäer". Bei den potentiellen Mitgliedern europäischer Verbände handelte es sich immer um eine Minderheit. Auf diese wiederum wirkte das ständige organisatorische Hin und Her der Paneuropa-Union auf Dauer nicht attraktiv, und die so elanvoll gestartete Organisation verlor sich im Gestrüpp des Tagesgeschäftes. Zum anderen machte sich die Konkurrenz anderer europäischer Verbände bemerkbar: Überzeugte „Europäer" mußten sich entscheiden, welcher Organisation sie angehören wollten, weniger überzeugte hielten sich angesichts der offen zur Schau getragenen Rivalität erst einmal zurück. Schließlich hat sich auch Coudenhoves Konzept, die Werbearbeit allein von bekannten Politikern und Industriellen erledigen zu lassen, nicht ausgezahlt. Immer wieder klagten Vertreter des Vorstands, daß sie mit der Arbeit für Paneuropa überlastet seien.

Zahlreiche deutsche Mitglieder reagierten auf das eigenmächtige Vorgehen Coudenhove-Kalergis in Berlin mit Austritt aus der Paneuropa-Union, darunter vor allem Paul Löbe, der bereits im Anschluß an den Kongreß von 1926 mit dem Gedanken gespielt hatte, zurückzutreten. Den Rücktritt Löbes jedoch nutzte Coudenhove-Kalergi, die deutsche Paneuropa-Union endgültig unter seine Kontrolle zu bringen: Bei der Generalversammlung im Dezember 1928 ließ er sich zum Präsidenten der Paneuropa-Union Deutschland wählen. Er rechtfertigte dieses Vorgehen nicht allein mit der notwendigen straffen Führung im Deutschen Reich, sondern auch mit dem Argument, „daß dies den überparteilichen Charakter der Bewegung klarer zum Ausdruck bringen wird als die bisherige Präsidentschaft Löbes, und daß damit eine Zusammenarbeit zwischen der Paneuropa-Union und der deutschen Wirtschaft erleichtert wird."

Damit ist die Orientierung auf Wirtschafts- und Finanzkreise angesprochen, die seit dem Kongreß in Wien 1926 zunehmende Bedeutung für Coudenhove-Kalergi erlangt hatte. Diese Orientierung hatte ganz unterschiedliche Gründe. Zum ersten war Coudenhove sich im klaren darüber, daß die Paneuropa-Union auf Dauer nicht ohne die Unterstützung finanzkräftiger Kreise würde Erfolg haben können. Gerade weil er der Ausweitung zu einer Massenbewegung eher skeptisch gegenüberstand, würden die Mitgliedsbeiträge allein zur Finanzierung der Union nicht ausreichen. Und da Coudenhove zumindest in den ersten Jahren seiner Tätigkeit noch der Überzeugung war, daß die Paneuropa-Union Regierungssubventionen nicht annehmen dürfe, da sie sich sonst in Abhängigkeit der jeweiligen Regierungen bringen würde – eine Überzeugung, die aus finanzieller Notwendigkeit heraus 1928 bereits aufgegeben wurde – blieben nur Industriespenden, die Lebens- und Aktionsfähigkeit der Paneuropa-Union zu sichern.

Mitausgelöst war die Hinwendung Coudenhove-Kalergis zu Wirtschaftskreisen durch die Entwicklung der Paneuropa-Union in Frankreich. Hier war es dem Grafen bis nach dem ersten Paneuropa-Kongreß im Oktober 1926 nicht gelungen, eine nationale Sektion der Paneuropa-Union aufzubauen. Erst im Mai 1927 gründete sich hier ein stabiles Paneuropa-Komitee. Unter dem Vorsitz des französischen Handelsministers Louis Loucheur von der Parti Radical und zwei Vizepräsidenten, dem Wirtschaftsjuristen Joseph Barthélemy und dem Wirtschaftswissenschaftler Francis Delaisi machten die Franzosen von Anfang an deutlich, daß sie keinerlei Absicht hatten, paneuropäische Ortsgruppen zu gründen – die Probleme, die Coudenhove mit seinen „massenbewegten" deutschen Mitgliedern hatte, sollten sich in Frankreich also nicht ergeben. Vielmehr ging es den Franzosen darum, einen Gesprächsrahmen europäischer, insbesondere deutscher und französischer Industrie- und Finanzkräfte zu schaffen. Diese Bemühungen standen in engem Zusammenhang mit der Weltwirtschaftskonferenz des Völkerbundes in Genf im Frühsommer 1927, deren Ergebnisse die französischen Paneuropäer mit deutschen Partnern diskutieren und möglicherweise umsetzen wollten. Die Franzosen beabsichtigten daher, die Paneuropa-Union in Frankreich eng an den Völkerbund anzuschließen.

Dies wiederum kam den Überzeugungen des Paneuropa-Gründers nicht entgegen. Coudenhove-Kalergi hatte seine Skepsis gegenüber dem Völkerbund nie zurückgehalten. Für ihn war das System ohne den Beitritt der USA und der Sowjetunion nicht funktionsfähig, ganz abgesehen davon, daß es für den Grafen undenkbar war, wenn etwa südamerikanische Staaten über das europäische Schicksal mitentscheiden konnten. Wiederholt forderte er daher eine Regionalisierung des Völkerbundes, in dem zukünftig die „Großräume" der Welt, und damit auch Europa, eigenständige Einheiten bilden sollten. Fragen, die allein im Interesse einzelner Großräume lagen, sollten dementsprechend auch nur von ihnen behandelt werden. Schon bald wurden die ganz unterschiedlichen Interessen der Franzosen und des Paneuropäers im Hinblick auf Aufbau, Aufgabe und Wirkungsformen der Paneuropa-Union sichtbar. Coudenhove strebte danach, seiner Organisation ein Höchstmaß an Publizität in Europa zu verschaffen. So zögerte er etwa im Mai 1929 nicht, Fotos einer Sitzung des vorwiegend aus deutschen und französischen Industriellen zusammengesetzten paneuropäischen Wirtschaftskomitees zu veröffentlichen. Die Teilnehmer, hier Loucheur, reagierten verärgert: „Ich bin überzeugt, daß wir die Aktionen unseres Komitees unterschiedlich verstehen. Wenn ich eine gewisse Anzahl von Persönlichkeiten um den selben Tisch zum Ideenaustausch versammelt habe, geschah das nicht in dem Bedürfnis, einem solchen Treffen einen offiziellen Charakter zu geben." Das Interesse deutscher und französischer Wirtschaftsvertreter an einer lautstarken Propaganda für die Einigung Europas, die noch dazu im paneuropäischen Falle weit über wirtschaftliche Annäherung und mögliche (Teil)Integrationen hinaus ging und mit der Ausgrenzung der Sowjetunion und vor allem Großbritanniens für wirtschaftliche Zusammenhänge problematisch war, war äußerst gering. Man wollte vielmehr ein Forum schaffen für einen ständigen Austausch zwischen deutschen und französischen Wirtschaftsvertretern,

Abb. 3: Faneuropa-Kundgebung in Berlin am 17. und 18. Mai 1930.
Thomas Mann, Ida Roland-Coudenhove-Kalergi, R. N. Coudenhove-Kalergi, M. Nintchitch

Abb. 4: Selbststilisierung des Paneuropäers: Richard Coudenhove-Kalergi im Exil in New York

ohne daß dieser Austausch gleich in seinen Einzelheiten der Presse lanciert wurde.

Gleichzeitig zeigte sich, daß für ein paneuropäisches Wirtschaftskomitee kaum Bedarf bestand. Denn schließlich existierte insbesondere mit dem Mayrisch-Komitee, 1926 im Verlauf der Verhandlungen um die Internationale Rohstahlgemeinschaft entstanden, ein gut funktionierendes System deutsch-französischer Industriellenkontakte. Möglicherweise hängt die (insbesondere von französischen) Wirtschaftsvertretern forcierte Gründung des paneuropäischen Wirtschaftskomitees zusammen mit den schweren Spannungen innerhalb des Deutsch-Französischen Studienkomitees 1927/28. Es ist durchaus möglich, daß verschiedene Vertreter des Deutsch-Französischen Studienkomitees ein neues Gesprächsforum schaffen wollten für den Fall, daß die Konflikte im Mayrisch-Komitee sich als unüberwindbar herausstellen würden. Die Tatsache, daß sich einerseits die Arbeit des Deutsch-Französischen Studienkomitees nach einiger Zeit wieder stabilisierte und daß sich andererseits die Arbeit mit Coudenhove-Kalergi aufgrund der genannten unterschiedlichen Vorstellungen konfliktreich gestaltete, erklärt, warum das paneuropäische Wirtschaftskomitee schon bald nach den Auseinandersetzungen seinen Zusammenhalt wieder verlor.

4.

Ein „entscheidender Sieg der Paneuropa-Union“? Briands Europa-Memorandum

In der zweiten Hälfte des Jahres 1928 war die Situation der Paneuropa-Union in Frankreich, aber auch im Deutschen Reich also nicht unkompliziert. Die organisatorische Festigung der Union war aufgrund der Auseinandersetzungen um „Elite“ oder „Massenbewegung“ nicht fortgeschritten, das diktatorische Vorgehen Coudenhove-Kalergis hatte viele Anhänger verschreckt. Aber auch der Einsatz für die Paneuropa-Union aus Wirtschafts- und Finanzkreisen ließ deutlich nach. Blickt man auf die weitere Entwicklung der Paneuropa-Union, so zeichneten sich bereits Ende 1928 die fundamentalen Probleme ab, auf welche die Union seit Anfang der dreißiger Jahre stoßen sollte. Der Niedergang wurde durch die Ereignisse des Jahres 1929 nur vorübergehend aufgeschoben.

Coudenhove-Kalergi hatte seit 1926 relativ guten Kontakt mit französischen Politikern und dem Quai d'Orsay, auch wenn die Entwicklung einer französischen Paneuropa-Union nicht recht voran ging. Dieses Entgegenkommen Pariser Regierungskreise fußte, neben dem bereits aufgeführten Interesse an wirtschaftlicher Annäherung, auf dem Glauben, die Paneuropa-Union könne ein geeignetes Instrument sein, um die deutsche Öffentlichkeit im französischen Sinne zu beeinflussen. Man wollte die Organisation nutzen, die eigenen außenpolitischen Positionen durch eine vermeintlich unabhängige Organisation zu stärken. Als deutlichstes Zeichen hierfür muß die Übernahme des Ehrenpräsidiums der Paneuropa-Union durch den französischen Außenminister Aristide Briand gelten.

Damit stellt sich die Frage nach dem Einfluß Coudenhove-Kalergis auf das Europa-Memorandum Briands vom September 1929, mit dem der Franzose eine Zusammenarbeit im Rahmen einer „Art föderativen Verbindung" der europäischen Staaten lancieren wollte und das gemeinhin, trotz nationaler Interessen aller Beteiligten, als Höhe- und Endpunkt der Verständigungsinitiativen der Zwischenkriegszeit gilt. Coudenhove hat in seinen Erinnerungen immer betont, er selbst habe Briand zu diesem Schritt angeregt. Diese Interpretation der französischen Außenpolitik greift sicherlich nicht weit genug und vernachlässigt die komplexen Beweggründe Briands, dem es vor allem darum ging, das Deutsche Reich und seine Wirtschaftskraft zu binden und somit die europäische Ordnung von Versailles dauerhaft zu erhalten. Doch immerhin stand Coudenhove dem außenpolitischen Entscheidungszentrum Frankreichs so nahe, daß er bis zu einem gewissen Grade in die Pläne Briands eingeweiht war. Bereits im Dezember 1928 ging er nach einem Treffen mit dem französischen Außenminister davon aus, daß dieser zum „gegebenen Zeitpunkt eine paneuropäische Konferenz sämtlicher europäischer Regierungen nach dem Muster der panamerikanischen Konferenz [einberufen werde], mit dem Ziel der Gründung eines europäischen Staatenbundes". Und auch in der Zeitschrift „Paneuropa" finden sich im ersten Halbjahr 1929 immer wieder Hinweise auf eine mögliche französische Regierungsinitiative.

Coudenhove begrüßte das Memorandum überschwenglich, auch wenn er insgeheim von den Vorschlägen mehr als enttäuscht war, die auf einer zwischenstaatlichen Kooperationsebene verharrten und ihm damit nicht weit genug gingen. Dennoch betonte er öffentlich, daß es sich erstmalig um eine staatliche, also um eine „offizielle Interpretation der Paneuropa-Idee" handelte und damit der Grundstein Paneuropas gelegt sei. Daher gab es für ihn „solange die Frage ‚Für oder gegen Paneuropa' die europäische Diskussion beherrscht und entzweit" nur eine Position: „Alle Meinungsverschiedenheiten über Einzelfragen zurückzustellen und uns voll und ganz hinter Briands Initiative zu stellen." Gleichzeitig sah er eine große Chance für die Paneuropa-Union. Wenn er das Memorandum als den „entscheidenden Sieg der Paneuropa-Union" bezeichnete, so versuchte er damit auch, die Bewegung aus den internen Wirren der Vorjahre hinauszuführen. Der Herbst 1929 bot dem Paneuropa-Gründer die Möglichkeit, seine teils ausgesprochen diktatorischen Entscheidungen der Vergangenheit nachträglich zu rechtfertigen und als Teil eines eigenen weitsichtigen Plans darzustellen: „Gerade die überragende Bedeutung dieser diplomatischen Aktion [Briands] wurde in paneuropäischen Kreisen manchmal mißverstanden und mißdeutet. Die Verschiebung privater Konferenzen und Kongresse, die Zentralisierung der Bewegung, die Regulierung derselben und die straffe Kontrolle ihrer Auswirkungen waren notwendig, um nicht jenes große Ziel demagogischen Scheinerfolgen zu opfern. Die paneuropäischen Pläne der Regierungen durften vor ihrer Inangriffnahme nicht durchkreuzt werden durch unvernünftige und undurchführbare Forderungen."

Coudenhove setzte in den folgenden Monaten alles auf die europäischen Regierungen; das Thema „Massenbewegung", aber auch die wirtschaftliche Integration, waren von der Tagesordnung verschwunden. Um das Memorandum Briands zu unterstützen und ihm vor allem im Deutschen Reich zu einer positiven Aufnahme zu verhelfen, startete Coudenhove zusammen mit dem ehemaligen französischen Ministerpräsidenten Edouard Herriot eine Vortragstournee nach Berlin, Wien und Prag – wiederum ein Zeichen der engen Verbundenheit des Paneuropäers mit der französischen Regierung in diesen Monaten. Diese Nähe zeigt sich weiterhin auch an der Tatsache, daß just an dem 17. Mai 1930, an dem der II. Paneuropa-Kongreß in Berlin eröffnet wurde, die Publikation des Briandschen Memorandums erfolgte. Der Kongreß sollte dazu dienen, die durch den Vorschlag des Franzosen aufgeworfenen Fragen zu diskutieren. Die Beteiligung aus dem europäischen Ausland war relativ groß. Angesichts der bevorstehenden Veröffentlichung des Memorandums empfahl das Auswärtige Amt zwar im Vorfeld des Kongresses Zurückhaltung gegenüber den Unternehmungen Coudenhoves, bezeichnete es jedoch, „schon mit Rücksicht auf die zu erwartende Anwesenheit namhafter französischer Persönlichkeiten, als erwünscht, daß deutsche prominente Politiker in nichtamtlicher Stellung an der Tagung teilnehmen." Dementsprechend trat der ehemalige Reichskanzler Joseph Wirth als Redner auf dem Paneuropa-Kongreß auf, für dessen prominente Gäste Reichsaußenminister Curtius ein Frühstück veranstaltete. Wie nicht anders zu erwarten, konnten jedoch auf dem Kongreß keine Lösungen für die Probleme, die das Briandsche Memorandum aufgeworfen hatte, gefunden werden, dazu war die Situation auf diplomatischer Ebene zu kompliziert. Es gelang dem Kongreß daher nicht, dem Memorandum im Deutschen Reich zu Akzeptanz zu verhelfen: Die Vorbehalte gegenüber einer möglichen Zementierung des Status Quo von Versailles waren in Deutschland zu groß.

Das immer wieder zitierte „Begräbnis Erster Klasse“, das die europäischen Regierungen in den kommenden Monaten dem Memorandum zukommen ließen, hatte nun zur Folge, daß auch die Paneuropa-Union, gerade weil Coudenhove immer die enge Verbindung der Bewegung mit dem Memorandum betont hatte und dies von der Öffentlichkeit entsprechend rezipiert wurde, Anfang der Dreißiger Jahre einen zunehmend schweren Stand hatte. Vor allem erschwerten die weiteren Entwicklungen des internationalen Systems jegliches europäisches Engagement. Die beginnende Weltwirtschaftskrise ließ immer mehr Staaten vor einer kontinentaleuropäischen Wirtschaftsunion zurückschrecken und protektionistische, auf die Stabilisierung des jeweiligen nationalen Wirtschaftsraumes zielende Maßnahmen an Bedeutung gewinnen. Nach dem Ende der „Locarno-Ära“ gewann Anfang der dreißiger Jahre ein aggressiver, unilateraler Nationalismus wieder die Oberhand – im Deutschen Reich nicht zuletzt in Form der nationalsozialistischen Wahlerfolge. Damit einhergehend verschlechterte sich auch das deutsch-französische Verhältnis zusehends, und diese Tatsache hatte direkte Auswirkungen auf die Paneuropa-Union.

5.

Zwischen allen Stühlen

Mit Verschlechterung des deutsch-französischen Verhältnisses und angesichts eines zunehmend radikalen Nationalismus mehrten sich im Deutschen Reich die Stimmen, Coudenhove unterstütze „in steigendem Maße französische Tendenzen“. Forciert wurde diese Interpretation, neben der eindeutigen Unterstützung des Briandschen Memorandums, auch durch Vorschläge Coudenhoves, die etwa im deutschen Auswärtigen Amt als nicht mit deutschen Interessen übereinstimmend ausgelegt wurden. Coudenhove forderte beispielsweise im Dezember 1930 eine europäische Sicherheitskonferenz, die jeglichen Abrüstungsinitiativen vorangehen müßte. Dies wieder interpretierten die Beamten des Auswärtigen Amts als Übernahme der französischen Position „erst Sicherheit, dann Abrüstung“.

Am Ende des Jahrzehnts schien Coudenhoves „Paneuropa“ vielen Deutschen, unter ihnen auch solche, die dem Konzept Mitte der zwanziger Jahre durchaus aufgeschlossen gegenübergestanden hatten, immer weniger geeignet, die eigenen Interessen in Europa voranzutreiben. Der Paneuropäer spürte diese Entwicklung und versuchte gleichsam die „ideelle Notbremse“ zu ziehen. Seit Anfang der dreißiger Jahre war er verstärkt bemüht, Paneuropa den deutschen Vorstellungen anzunähern, auch aus der Sorge, das angespannte europäische Klima und die schwierige Wirtschaftslage könnten im Deutschen Reich extreme Kräften die Oberhand gewinnen und damit „Paneuropa“ in noch weitere Ferne rücken lassen. Dabei hatte Coudenhove bereits früher Positionen vertreten, die durchaus im deutschen Interesse lagen. So hatte er beispielsweise die alleinige Kriegsschuld Deutschlands immer abgelehnt und betont: „Alle europäischen Großmächte haben gemeinsam den Scheiterhaufen aufgeschlichtet (sic!), der zehn Millionen Europäer verbrannt hat.“ Und auch die Kolonialfrage beantwortete Coudenhove im Sinne der Deutschen: Zumindest forderte er die deutsche und italienische Beteiligung an der wirtschaftlichen „Ausbeutung“ des afrikanischen Kontinents, ja sogar die Neuverteilung der Kolonialmandate des Völkerbunds. Nun aber, im November 1930, ging er einen Schritt weiter und forderte die grundsätzliche Revision des Versailler Vertrages: „Darum bedeutet Paneuropa die Revision. Es fordert die Beseitigung sämtlicher europäischer Verträge, die dem Prinzip der Gleichberechtigung widersprechen und die Gegensätze des Weltkrieges verewigen wollen.“ Damit nahm Coudenhove dezidiert Abstand von seinem früheren Standpunkt, „Paneuropa“ könne nur auf Grundlage der bestehenden Ordnung, also in antirevisionistischer Form, errichtet werden. Dieser fundamentale Umschwung war der prekären Situation Anfang der dreißiger Jahre geschuldet, in der sich Coudenhove nach den erfolgversprechenden Anfängen seiner Bewegung eingestehen mußte, daß sein Handlungsspielraum immer enger und die Unterstützung für „Paneuropa“ immer geringer wurde.

Ebenso versuchte Coudenhove den Deutschen 1931 entgegenzukommen, als das Projekt der deutsch-österreichischen Zollunion im Raume stand. Hatte er jedweden mitteleuropäischen Zusammenschluß im März 1930 noch als „Irrweg“ bezeichnet, so reagierte er ein gutes Jahr später ganz anders. Zwar kritisierte er die „Überrumplungstaktik“ der Deutschen und Österreicher, die entscheidend zum allgemeinen Mißtrauen in Europa gegenüber dem Plan beigetragen habe, dennoch begrüßte er die geplante Zollunion, über der „die paneuropäische Flagge“ wehe, als ersten Schritt in Richtung einer kontinentaleuropäischen Zollunion. Er bemühte sich, dem deutsch-österreichischen Vorschlag durch eine Industriellenkonferenz in Paris zu einer günstigen Aufnahme zu verhelfen. Als die Franzosen das Projekt einer deutsch-österreichischen Zollunion allerdings ablehnend beurteilten, weigerten sich deutsche Industrievertreter, weitere Verhandlungen mit dem westlichen Nachbarn zu führen. Clemens Lammers vom Reichsverband der deutschen Industrie formulierte den Standpunkt vieler deutscher Wirtschaftsvertreter pathetisch: „Das Verhalten Frankreichs gegenüber dem Gedanken der deutsch-österreichischen Zollunion hat uns vom Standpunkt der europäischen Wirtschaft aus stark zurückgeworfen. Ich finde in fast allen neutralen Ländern eine instinktive Abwehr gegenüber dem despotischen Auftreten Frankreichs, das in Wirklichkeit das schwerste Hindernis für eine gesunde europäische Entwicklung darstellt. [...] Ich habe jedenfalls wenig Neigung, mich künftig an Besprechungen der fraglichen Art zu beteiligen, wenn ich das Gefühl haben muß, daß mein Volk als eine Nation zweiten Ranges von den Siegerstaaten im Weltkrieg auch heute noch behandelt wird." Die Schwierigkeiten, die Coudenhove-Kalergi angesichts der internationalen und europäischen Situation seit Anfang der dreißiger Jahre hatte, werden hier deutlich: Die Bereitschaft zu Annäherung, Verständigung und Zusammenarbeit mit den europäischen Nachbarn ging im Deutschen Reich, wie überall auf dem Kontinent, erheblich zurück.

Coudenhove ging daher mit seinen Annäherungsbemühungen an deutsche Positionen noch einen Schritt weiter: Lange war ihm die Lösung der nach dem Ersten Weltkrieg entstandenen Grenzfragen nur auf Grundlage des Versailler Vertrages im europäischen Miteinander möglich erschienen. Indem die Binnengrenzen „unsichtbar" gemacht und in reine „Verwaltungsgrenzen" umgewandelt würden, entstünde ein „europäisches Gemeinschaftsgefühl", welches weitere Grenzverschiebungen problemlos möglich, gleichzeitig aber auch überflüssig machen würde. Der in der deutschen politischen Öffentlichkeit zentralen Forderung einer territorialen Revision entsprachen solche Vorstellungen jedoch nicht. Daher bemühte sich Coudenhove, seine Position zu wandeln, um im Deutschen Reich wieder an Boden zu gewinnen. Das Memorandum „Über die europäische Krise und die Möglichkeit, sie zu überwinden" vom Juli 1931 versuchte, die Interessen der Deutschen gerade im Osten – sprich in Bezug auf Polen –, mit dem gemeinschaftlichen europäischen Interesse in Übereinstimmung zu bringen. Coudenhove wandte sich der Frage des polnischen Korridors zu: Danzig sollte wieder dem Deutschen Reich zugeschlagen werden, während der Korridor mit Gdingen bei Polen verbleiben sollte. Die Lösung der „Korridorfrage" bestünde dann in einem unterirdisch oder auf einem Damm verlaufenden, unter deutscher Souveränität stehenden, „doppelten Eisenbahnstrang und einer Autostraße", die Ostpreußen mit dem Reich verbinden würde. Der Vorschlag macht verständlich, warum Coudenhove Anfang der dreißiger Jahre auf unüberwindliche Probleme stieß: Sein Korridormodell ging an den eigentlichen, national verwurzelten Problemen weit vorbei. Politische Konflikte, die in einzelnen Staaten die öffentliche Meinung tief bewegten, glaubte er immer wieder, mit dem Federstrich eines visionären Entwurfs lösen zu können. Dafür ist sein Korridorvorschlag nur ein Beispiel. Hier zeigt sich eine gewisse Naivität des Paneuropäers im Umgang mit konkreten tagespolitischen Problemen. Coudenhove war ein Mann der großen Würfe und weitgedachten Konzepte. Die Niederungen der Tagesdiplomatie hingegen waren und blieben ihm ein Leben lang fremd.

Mit seiner Korridorlösung hatte sich Coudenhove-Kalergi zwischen alle Stühle gesetzt. Statt im Deutschen Reich die erhoffte Unterstützung wiederzuerlangen, reagierten die Deutschen auf Coudenhoves Vorschläge ablehnend. Das Auswärtige Amt konstatierte: „Diese hochpolitische und nationale Frage [des Korridors] macht Coudenhove geradezu zu einer eisenbahntechnischen Angelegenheit", und „überhaupt können wir in dem engen Rahmen, wie ihn Coudenhove zieht, die allerwichtigsten Revisionsansprüche nicht durchsetzen." Bei anderen Deutschen lösten Coudenhoves Vorschläge heftigere Reaktionen aus. So schrieb ihm ein führender Industrieller: „Was Sie z.B. wegen des Korridors sagen, halte ich nicht nur für technisch unmöglich; vielmehr bedeutet dieser Vorschlag eine ganz schreiende Ungerechtigkeit gegenüber den deutschen Lebensinteressen" und einen „Schandfleck auf unserem Ehrenschild". Der Paneuropäer zog sich mit solchen Vorschlägen, aber auch mit politisch unrealisierbaren Forderungen, wie etwa jener vom Februar 1931, daß im Interesse Paneuropas Deutschland den Rapallo-Vertrag mit der Sowjetunion kündigen und Frankreich seine Protektion der kleinen Entente zwischen der Tschechoslowakei, Ungarn und Rumänien aufgeben müsse, einerseits langsam den Ruf eines Phantasten zu. Diese Tendenz sollte vor allem nach dem Zweiten Weltkrieg voll durchschlagen, als Coudenhove immer öfter mit realitätsfernen Vorschlägen an Politik und Verwaltung herantrat. Andererseits begriff man die Ideen des Grafen als den „deutschen Interessen widersprechend". So scheiterten Coudenhoves sämtliche Versuche, die Deutschen in das Lager Paneuropa zu ziehen.

Ärgerlicherweise zeigten die Initiativen allerdings Wirkung dort, wo der Graf sie sich am wenigsten gewünscht hatte, in Frankreich. Nun reagierten die Franzosen wie zuvor die Deutschen und gingen daran, Paneuropa als deutsches Konzept zu diffamieren. Obwohl Coudenhove noch versuchte gegenzusteuern, etwa durch Unterstützung des als Reaktion auf den deutsch-österreichischen Zollunionsplan von der französischen Regierung entwickelten Tardieu-Plans, saß er zwischen allen Stühlen. Nicht nur, daß die nationalen Öffentlichkeiten und Regierungen insbesondere in Deutschland und Frankreich ihn zunehmend als im jeweils „gegnerischen" Lager stehend betrachteten; Coudenhoves beinahe opportunistische Zustimmung zu allem, dem man einen europäischen Anschein geben konnte, kostete ihn auf Dauer seine persönliche Integrität.

Auf die wachsende Ablehnung, die Coudenhove seit dem Scheitern des Briand-Memorandums erfuhr und die sich nicht zuletzt auch finanziell auswirkte, reagierte er schließlich mit einer weiteren grundsätzlichen Wendung – der Abwendung von jener höchsten Ebene der Politik, auf die er bisher gesetzt hatte. In seiner Begrüßungsansprache auf dem III. Kongreß der Paneuropa-Union in Basel im Oktober 1932 rief er seinem Publikum zu: „Solange wir unsere Hoffnungen auf die gegenwärtigen europäischen Regierungen und Parteien setzen, werden wir niemals Europa verwirklicht sehen. [...] Einigt Euch über alle diplomatischen Formeln und politischen Intrigen hinweg! Über die Köpfe Eurer Regierungen und Parteien!" Frustriert wandte sich der Paneuropäer, der aufgrund seines Weltbildes davon überzeugt war, mit Hilfe der „Macht“ (d. h. der europäischen Regierungen und berühmter Persönlichkeiten des öffentlichen Lebens) seine Ziele verwirklichen zu können, von eben jener offiziellen Ebene ab. Nun schien ihm, gewissermaßen als letzte Rettung angesichts der katastrophalen Wirtschaftslage in Europa, der sich verschlechternden internationalen Beziehungen und insbesondere auch der Wahlerfolge links- und rechtsextremer Parteien in Deutschland, „daß eine wirksame Propaganda nur durch Parteigründungen möglich ist, daß die Bewegung auch nur dann größere Beträge erhalten kann, wenn sie politische Machtpositionen erobert.“ Der Kongreß in Basel sollte dieser paneuropäischen Parteigründung dienen.

Die geplante Form dieser Partei zeigt eine deutliche Zeitgebundenheit einerseits und reflektiert Coudenhoves konservativ-revolutionäre Verwurzelung andererseits. Keine demokratische Massenpartei war hier geplant, wie eine Schweizer Zeitung kritisch feststellte: „Coudenhove habe den Kongreß zum Vorhaben der Parteigründung gar nicht befragt. Er habe sie einfach gegründet und sich dann von einem Jünger zurufen lassen: ‚Unser Führer hat uns den neuen Boden bereitet. Er hat uns die Partei gegeben, die so ganz befreit vom ewig Gestrigen ist.‘“ Auch die äußere Ausgestaltung des Kongresses, bei dem Anhänger in Uniform („europäische Blauhemden“) mit Armbinde, auf der das Sonnenkreuz der Bewegung abgebildet war, erschienen, macht deutlich, daß Coudenhove-Kalergi hier – bei aller Ablehnung gegenüber den Nationalsozialisten – die erfolgreichen faschistischen Parteien und Organisationsformen zu kopieren versuchte.

Doch wie sich nach dem Kongreß schnell herausstellen sollte, war die Parteigründung eine Totgeburt. Im Kern hatte sie niemals wirklich Coudenhoves Interessen entsprochen und war wohl eher Ausdruck der Hilflosigkeit und Verzweifelung angesichts der politischen Entwicklung in Europa seit Anfang der dreißiger Jahre. Im Grunde aber blieb er weiter der Überzeugung, vor allem die „Mächtigen“ seien jene, die sein „Paneuropa“ würden verwirklichen können. Schon bald jedenfalls war von der europäischen Partei keine

Rede mehr; und all jene, die gehofft hatten, die Äußerungen Coudenhoves auch als eine Hinwendung zur Verwirklichung einer paneuropäischen Massenbewegung interpretieren zu dürfen, sahen sich getäuscht. Dies galt vor allem für Mitglieder der Paneuropa-Sektion in Basel selbst. Sie trennten sich daraufhin von Coudenhove und gründeten eine neue Europa-Organisation: Die Schweizer „Europa-Union“, welche sich in der Folgezeit zu einer einflußreichen Europa-Bewegung entwickeln sollte. Hätte Coudenhove-Kalergi dies geahnt – er hätte die Abspaltung gewiß ernster genommen.

Der Kongreß in Basel war zwar noch relativ gut besucht, gleichzeitig jedoch erhielt Coudenhove auch zahlreiche Absagen, vor allem aus Deutschland und Frankreich. Diese machten deutlich, daß Anfang der dreißiger Jahre die Zeiten privater Aussprachen zur Förderung einer europäischen Annäherung ihrem Ende zugingen. Die Begeisterung für Paneuropa – und ähnliche Bestrebungen – war von der internationalen Entwicklung verschüttet worden, wie es ein deutscher Paneuropäer formulierte: „Leider haben wir bisher keinerlei Einfluß von solchen Privatbesprechungen auf die Politik verspüren können [...] und [solche Besprechungen] sind nach meiner Überzeugung auch bis auf Weiteres zum Scheitern bestimmt.“

Die Mitgliederzahlen der Paneuropa-Sektionen sanken beispielsweise im Deutschen Reich in diesen Jahren deutlich: in Frankfurt um beinahe 80 Prozent innerhalb eines Jahres, in Breslau um 65 Prozent und in Leipzig um 63 Prozent. Der Niedergang der Paneuropa-Union war also 1933, zum Zeitpunkt der nationalsozialistischen „Machtübernahme“, bereits eingeleitet. So hatten die Nationalsozialisten ein leichtes Spiel. Sie, die Coudenhove und seinen Ideen mit Verachtung gegenüber standen, nutzten die Schwäche der Organisation: Zwar wurde nicht – wie immer wieder zu lesen – eine starke Bewegung von den Nationalsozialisten verboten, doch kamen die deutschen Paneuropäer der Aufforderung zur Selbstauflösung schnell nach. Im Oktober 1933 schrieben sie an Coudenhove: „Die deutschen Vorstandsmitglieder der Paneuropäischen Union Deutschland schließen sich Ihrem Wunsche, die Paneuropäische Union Deutschland aufzulösen, an. Sie werden dabei von der Erwägung geleitet, daß die Union die europäische Verständigung auf nationaler Ebene schon immer als die oberste Maxime für die Neuorientierung der europäischen Politik betrachtete. Einer Weltanschauung, die in Italien schon lange verwirklich ist, und die sich in Europa mehr und mehr vertieft, entspricht es, daß private Organisationen Tätigkeitsgebiete aufgeben, die in den Rahmen der Regierungspolitik fallen. Aus dem gleichen Grunde, aus dem zum Beispiel in Italien nie eine Paneuropäische Union entstanden ist, brauchen wir heute in Deutschland eine solche Organisation nicht mehr." Man brach in Deutschland auf zu neuen Ufern, und nicht mehr „Paneuropa", sondern das nationalsozialistische Europakonzept der „Neuen Ordnung" diente dabei als Orientierung.

Damit war die erste Phase „Paneuropas" abgeschlossen. Begonnen hatte sie Mitte der zwanziger Jahre mit einem Paukenschlag, der Publikation des Buches „Paneuropa". Coudenhove-Kalergi hatte sich in den darauffolgenden Jahren unermüdlich für die Verwirklichung seiner Ideen eingesetzt, und zuweilen sah es auch so aus, als würde er damit Erfolg haben. Im krisengeschüttelten Europa der zwanziger Jahre stießen seine Ideen bei vielen auf Begeisterung. Zwar bildeten diese Europabegeisterten immer noch eine Minderheit, doch hatte das Coudenhovsche Konzept zumindest auf den ersten Blick den großen Vorteil, daß es ganz unterschiedliche politische und gesellschaftliche Gruppen anzusprechen in der Lage war. Pazifisten meinten in „Paneuropa" die Vision eines friedlichen Miteinanders der europäischen Völker zu sehen, Liberale hofften auf eine Stärkung des Völkerbundes und eine Demokratisierung Europas, Wirtschaftsvertreter wünschten die Stärkung privatwirtschaftlicher Kontakte, Sozialisten glaubten, einer Lösung der sozialen Konflikte in Europa näherzukommen, Konservative fühlten sich von Coudenhoves Weltbild angesprochen. Doch gerade die Tatsache, daß sich so unterschiedliche Gruppen anfangs von „Paneuropa" angezogen fühlten, trug schließlich auch zum Scheitern der Idee bei. Denn letztlich konnte und wollte Coudenhove, der auf seinem absoluten Führungsanspruch über seine Ideen und seine Organisation bestand, viele der von außen an „Paneuropa" herangetragenen

Anforderungen nicht erfüllen. Er bezeichnete die Pazifisten als „größtes Übel des Pazifismus", hatte persönliche Vorbehalte gegenüber dem Sozialismus und lehnte den Völkerbund ab. Solche Einstellungen ließen den Paneuropäer schon bald an Grenzen stoßen. Durch seinen eigenwilligen, egozentrischen Charakter stand er sich mehr als einmal selbst im Weg und verschreckte durch diktatorisches Verhalten seine Anhänger. Hinzu kam jedoch ein anderer, vielleicht entscheidender Aspekt: Coudenhove-Kalergi fehlte aufgrund seiner Herkunft und Erziehung der nationale Blickwinkel auf die zahlreichen politischen Probleme der zwanziger Jahre. Dies brachte ihn immer wieder in das Dilemma, daß in den unterschiedlichen europäischen Ländern seine vermeintlich objektiven Vorschläge als parteiisch und im Interesse einer bestimmten europäischen Nation liegend interpretiert wurden. Hier zeigt sich eine zentrale Schwierigkeit des europäischen Engagements der zwanziger Jahre. Wem der nationale Blickwinkel fehlte, dessen Durchsetzungsfähigkeit war von vornherein beschnitten. Wer hingegen, wie andere europäische Aktivisten, aus einem nationalen Kontext heraus argumentierte und eine europäische Annäherung primär mit nationalen Interessen rechtfertigte, stieß zwar in dem jeweiligen Heimatland auf bessere Voraussetzungen, war dafür im Ausland jedoch mehr oder weniger chancenlos. Im Prinzip war Coudenhove-Kalergis Idee eines sich schrittweise, bis zur wirtschaftlichen und politischen Einigung, annähernden Europas, in Kombination mit der Gründung einer Europa-Bewegung ein visionäres Konzept. An den Zeitumständen der späten zwanziger Jahre jedoch mußte dieses Konzept scheitern. Und wären die Zeitumstände günstiger gewesen – vielleicht wäre „Paneuropa" dann an Richard Coudenhove-Kalergi und seinem unbedingten Führungsanspruch gescheitert. So verhinderten die Persönlichkeit des Paneuropäers und die historischen Gegebenheiten gleichermaßen die Verwirklichung einer prinzipiell richtungsweisenden Idee.

6.

Im Kampf gegen den Faschismus? „Paneuropa“ im österreichischen Ständestaat

Nach der „Machtübernahme“ der Nationalsozialisten in Deutschland hatte sich die Situation für alle Bemühungen um eine europäische Verständigung oder gar Integration grundsätzlich gewandelt. Das verständigungsbereite Klima der zweiten Hälfte der zwanziger Jahre war verschwunden, und nicht nur Coudenhove-Kalergi stand vor der Frage, wie ein europäisches Engagement unter den veränderten Rahmenbedingungen aussehen könne, ja ob es überhaupt noch möglich war. Der Paneuropäer hatte schon früh und eindeutig gegen den Nationalsozialismus Position bezogen, den er vor allem wegen seines Nationalismus und seines Rassismus beziehungsweise Antisemitismus verurteilte. Beides ließ sich mit den Überzeugungen des kosmopolitischen Adeligen nicht vereinbaren. Dennoch hatte Coudenhove kein Interesse an einer politischen Isolation des Deutschen Reiches. Er war vielmehr überzeugt, die europäischen Nachbarn müßten auch weiterhin mit den Deutschen zusammenarbeiten, um Deutschland dauerhaft in ein europäisches System eingliedern zu können. Dies war für den Paneuropäer die einzige Möglichkeit, den Nationalsozialismus zu „zähmen“ und seine Außenpolitik in weniger aggressive Bahnen zu lenken. Coudenhove-Kalergi konnte so argumentieren, da er an die jeweiligen politischen Strukturen und Systeme der Mitgliedstaaten eines zukünftigen „Paneuropas“ keinerlei Voraussetzungen knüpfte. Ob Demokratie oder autoritärdiktatorisches Regime – dies war ausschließlich eine Frage der jeweiligen nationalen Gesellschaften und nicht „Paneuropas“. Hier unterschied sich Coudenhoves Konzeption radikal von den Standpunkten der europäischen Einigungsbewegung nach dem Zweiten

Weltkrieg. Diese hatte sich, nach den Erfahrungen von Diktatur und Krieg, aber auch aufgrund von Einflüssen der Alliierten, die Schaffung eines demokratischen Europas zum Ziel gesetzt. Ihre Angehörigen waren der Überzeugung, daß ohne eine solche demokratische Ordnung die Stabilität einer europäischen Gemeinschaft und damit des europäischen Friedens auf Dauer nicht zu wahren sein würde. Vor 1939 war diese demokratische Bindung Europas hingegen noch keineswegs selbstverständlich. Europa wurde damals, in viel stärkerem Maße als in der Nachkriegszeit, auch anders – nichtdemokratisch – gedacht. Angesichts der politischen Landkarte Europas Anfang der dreißiger Jahre war Coudenhoves Argumentation durchaus nachvollziehbar, daß eine demokratische Fundierung „Paneuropas" chancenlos bleiben müßte: Ein Großteil der europäischen Staaten hätte so keinen Platz in Paneuropa gefunden. Daß eine demokratische Ordnung in Coudenhoves eigenem Weltbild keine festen Wurzeln hatte, kam verstärkend hinzu. Konsequenterweise lehnte er daher eine Zusammenarbeit mit dem nationalsozialistischen Deutschland nicht ab. Sollte eine europäische Einigung hingegen nicht erfolgen, davon war der Paneuropäer bereits seit Anfang der dreißiger Jahre überzeugt, würde es über kurz oder lang zu einem Krieg Deutschlands, Italiens und der Sowjetunion gegen Amerika, England und Frankreich kommen.

Je stärker sich das nationalsozialistische Regime etablierte, desto deutlicher wurde jedoch, daß es an einer europäischen Einigung im Sinne Coudenhoves kein Interesse hatte. Die Nationalsozialisten verachteten sowohl die Verständigungsbemühungen des Paneuropäers wie auch ihn selbst. Hitler hatte „Paneuropa" in seinem „Zweiten Buch" als „Ideal aller minderwertigen oder halbrassischen Bastarde" bezeichnet, welches „zu einem Rassenchaos und Durcheinander, zu einer Verbastardung und Verniggerung der Kulturmenschheit und endlich damit zu einer solchen Senkung ihres rassischen Wertes [führen würde], daß der [...] Hebräer langsam zum Weltherrn aufzusteigen" vermögen würde. Coudenhove-Kalergi wurde von Hitler aufgrund seiner asiatisch-europäischen Herkunft als Beispiel rassischer Durchmischung und damit als „Allerwelts-

Abb. 5: Paneuropäische Werbepostkarte für die Schriften Coudenhove-Kalergis

Abb. 6: Richard Coudenhove-Kalergi mit seiner Frau Ida Roland vor ihrem Haus in Gstaad

bastard“ beschimpft. Das „germanische Europa“, welches nach 1939 zum Kriegsziel der Nationalsozialisten wurde und mörderische Konsequenzen vor allem für die osteuropäische Bevölkerung hatte, bezeichnete Hitler zu diesem Zeitpunkt zwar noch als „Utopie“. Dennoch aber wurde bereits in den „Friedensjahren“ des „Dritten Reiches“ klar, daß eine europäische Einigung im Sinne Coudenhove-Kalergis mit dem nationalsozialistischen Deutschen Reich nicht zu machen sein würde. Je deutlicher sich dieser Sachverhalt offenbarte, desto stärker distanzierte sich der Paneuropäer von der deutschen Regierung und warnte vor dem antieuropäischen Charakter ihrer Außenpolitik. Es konnte nunmehr nur noch darum gehen, die anderen europäischen Länder in einer Koalition gegen Deutschland zu einigen und „Paneuropa“ auf diese Weise ohne deutsche Beteiligung zu schaffen.

Diese Warnungen bedeuteten indes nicht, daß sich Coudenhove nun grundsätzlich gegen ständische oder faschistische Systeme ausgesprochen hätte. Im Gegenteil wandte er sich in den Jahren nach der Machtübernahme mehrfach an Mussolini, den er – vergeblich – im Mai 1933, im Mai und Juli 1936 sowie noch einmal im Mai 1940 von seinen Plänen einer „lateinischen“ Union in Form eines französisch-italienischen Bündnisses gegen Deutschland zu überzeugen versuchte. So rückte Coudenhove auch nach 1933 nicht von seinem konservativ-elitären Weltbild und seiner Neigung zur „Macht“ und den Mächtigen ab – eine Tatsache, für die er später noch viel Kritik einstecken sollte, ebenso wie für seine Annäherung an den österreichischen Ständestaat.

Denn nach der „Machtübernahme“ der Nationalsozialisten im Deutschen Reich, nach der Selbstauflösung der Paneuropa-Union Deutschland konzentrierte Coudenhove-Kalergi seine Aktionen auf Österreich. Dies lag vor allem daran, daß die konservativ-katholische, autoritäre Ständestaatsregierung der paneuropäischen Idee Interesse entgegenbrachte. Ein europäisches Bewußtsein sollte nach Vorstellung des österreichischen Kanzlers Engelbert Dollfuß und, nach dessen Tod, seines Nachfolgers Kurt Schuschnigg Teil einer eigenständigen österreichischen Identität sein, die Österreich gegen

Anschlußforderungen aus Deutschland und aus dem eigenen Land immunisieren würde. Coudenhove unterstützte diese Bemühungen, und so traf er im politischen Wien auf offene Ohren und die Bereitschaft, sich (wohl auch finanziell) für „Paneuropa" zu engagieren: Dollfuß übernahm das Ehrenpräsidium der Paneuropa-Union ebenso wie später Kurt Schuschnigg, und die Paneuropa-Union eröffnete ihr Büro in der Wiener Hofburg. Unabhängig von dieser Frage entfaltete Coudenhove in den Jahren vor dem Anschluß 1938 eine beträchtliche Aktivität in Österreich. Zahlreiche Veranstaltungen der Paneuropa-Union fanden in Wien statt: eine Europäische Wirtschaftskonferenz 1933, eine Europa-Kundgebung im Parlament 1934, der IV. Paneuropa-Kongreß 1935, die Paneuropäische Agrarkonferenz 1936 und der Paneuropäische Erziehungskongreß 1937. Trotz dieses Aktivismus waren die politischen Ergebnisse jedoch gleich null, da die Pläne, die Coudenhove entwickelte, zu hochgesteckt und daher unrealistisch waren. Er plädierte für eine Union der Donauländer mit Frankreich, eine Idee, die angesichts der internationalen und europäischen Situation kaum eine Chance auf Verwirklichung hatte. Im Endeffekt konnte der Paneuropäer in Österreich nicht viel mehr tun, als durch paneuropäische Propaganda zu einer österreichisch-europäischen Identität beizutragen. Der Verwirklichung „Paneuropas" kam er kein Stück näher.

Dennoch sollte sein Engagement für den Ständestaat Folgen haben. Zwar läßt sich heute kaum mehr sagen, wie eng die Kontakte zwischen Coudenhove und der österreichischen Regierung tatsächlich waren. Denn die meisten Informationen über diese Zeit stützen sich auf die Erinnerungen Coudenhoves selbst, der allerdings immer wieder dazu tendierte, seine eigene Position zu überschätzen und seine Erfolge zu beschönigen. Unbestreitbar ist indes die Tatsache, daß viele Zeitgenossen Coudenhoves Nähe zum autoritären Regime in Wien, in Kombination mit seinem rigiden Antikommunismus, kritisch sahen. Vor allem Linksintellektuelle distanzierten sich von ihm, und auch die europäischen Sozialdemokraten sahen nunmehr in „Paneuropa" eine ausschließlich konservative Bestrebung. Dazu trug einerseits bei, daß Coudenhoves konservativ-elitäres Weltbild nunmehr, nicht zuletzt aufgrund zahlreicher eigener Schriften, deutlicher auszumachen war als Anfang der zwanziger Jahre. Andererseits stieß aber eben auch seine Bereitschaft auf Kritik, sich mit all jenen Politikern, die in irgendeiner Form Interesse an „Paneuropa" signalisierten, zu solidarisieren, unabhängig von ihren Positionen. Für ein Zusammengehen mit Mussolini oder Dollfuß hatten viele nicht-konservative Zeitgenossen Coudenhoves kein Verständnis. Auf diese Weise rückte der Paneuropäer in den Augen seiner Umwelt immer stärker in das konservative Lager. Doch fand er bei näherem Hinsehen innerhalb des europäischen Konservatismus höchstens die Unterstützung einer kleinen Minderheit, eben jener vor allem katholischen Konservativen, die aufgrund eines fehlenden Nationalismus offen für die paneuropäischen Ideen waren. Von der in den zwanziger Jahren noch relativ breiten Front, die „Paneuropa" aufgrund seiner inhaltlichen Unbestimmtheit für sich vereinen konnte, blieb in den dreißiger Jahren nur noch wenig übrig. Die ehemals zwar nur eine Minderheit ansprechenden, dafür aber politisch-ideologische Lagergrenzen überschreitenden europäischen Ideen Coudenhove-Kalergis engten sich immer mehr ein.

Im März 1938, mit dem Einmarsch der Deutschen, waren die paneuropäischen Aktivitäten in Österreich sinnlos geworden: Coudenhove-Kalergi verließ mit seiner Familie das Land und flüchtete in die Schweiz. Fortan hatte die „Paneuropa-Zentrale" ihren Sitz in Bern. Dort erschienen nun, als Nachfolgerin der seit 1924 in Wien publizierten Zeitschrift „Paneuropa", die „Europäischen Briefe". Die Paneuropa-Union jedoch entwickelte sich in dieser Zeit endgültig zu einer „Ein-Mann-Aktivität" Coudenhoves. Er war es, der im Namen der Organisation eine lebhafte Aktivität entfaltete – ein eigenständiges Verbandsleben hingegen existierte nicht mehr.

Von der Schweiz orientierte sich Coudenhove schon bald weiter nach Paris, wo er nach dem Münchener Abkommen 1938 seine tschechische Staatsbürgerschaft abgab und die französische annahm. In den Jahren bis zum deutschen Einmarsch in Frankreich 1940 versuchte Coudenhove nun von der französischen Hauptstadt aus für einen europäischen Zusammenschluß gegen das nationalsozialistische Deutschland zu wirken. Dabei kam es zu einigen bedeutsamen Veränderungen im paneuropäischen Konzept. Coudenhove sah nun ein, daß ein gegen den Nationalsozialismus geeintes Europa ohne Großbritannien zu schwach sein würde, um der deutschen Bedrohung standzuhalten. Während England früher nach Coudenhoves Vorstellungen aus „Paneuropa“ ausgeschlossen bleiben sollte, nahm es nun eine zentrale Rolle ein. Dem kam die wachsende britische Bereitschaft entgegen, sich für „Europa“ zu engagieren, so daß es Coudenhove kurz vor Beginn des Zweiten Weltkrieges gelang, verstärkt Kontakte nach Großbritannien zu knüpfen. Im Februar 1938 traf er erstmals mit Winston Churchill, damals ohne Regierungsamt, zusammen, und im Juni 1939 konstituierte sich das „Parliamentary Committee of the Pan-Europe Union“. Auch in Frankreich warb Coudenhove für die Bildung parlamentarischer Paneuropa-Gruppen. Gleichzeitig plädierte er – vergeblich – für die Gründung eines „Paneuropäischen Propagandazentrums“ und eines „Paneuropäischen Studienzentrums“, um einerseits die zukünftige Struktur Paneuropas wissenschaftlich zu analysieren und gleichzeitig der deutschen Propaganda eine paneuropäische entgegenzusetzen.

Trotz dieser Aktivitäten jedoch konnte Coudenhove in den Monaten vor Ausbruch des Zweiten Weltkrieges keinen tieferen Einfluß auf die Entwicklung der politischen Agenda in Frankreich und England nehmen. Er arbeitete unermüdlich für seine Ziele, schrieb Artikel, traf Politiker und Journalisten, gründete Komitees und hielt Veranstaltungen ab. Damit trug er zwar nicht unwesentlich zur Aufrechterhaltung und Verbreitung des europäischen Gedankens bei. Die weltpolitische Entwicklung jedoch ging an diesen Aktivitäten vorüber. Mit Beginn des Zweiten Weltkrieges im September 1939, spätestens aber mit der Kapitulation Frankreichs vor der deutschen Wehrmacht im Frühsommer 1940, war die Zeit für Coudenhoves Engagement in Europa endgültig abgelaufen. Ihm blieb nur noch die Flucht nach Übersee: Im August 1940 ging die Familie in Lissabon an Bord eines Schiffes nach New York, wo Richard Coudenhove-Kalergi den Zweiten Weltkrieg überdauerte.

7.

Exil in New York

Auch in New York setzte der unermüdliche Paneuropäer seine Arbeit fort. Er hoffte einerseits, die USA zum Kriegseintritt bewegen zu können, um auf diese Weise, wie er sagte, „die Zukunft der westlichen Hemisphäre zu sichern“ – vor der deutschen, aber auch der sowjetischen Bedrohung. Andererseits ging es ihm darum, die Unterstützung der amerikanischen Weltmacht für seine europäischen Pläne zu erhalten, so daß ein geeintes „Paneuropa“ in der Nachkriegszeit von den USA nicht als Konkurrent, sondern als Partner verstanden würde. Allerdings traf Coudenhove-Kalergi Anfang der vierziger Jahre in den USA vorerst ganz überwiegend auf Ablehnung. In der Außenpolitik der Vereinigten Staaten gab es vor Kriegseintritt noch starke isolationistische Strömungen. Und auch Planungen für ein Europa der Nachkriegszeit stießen zunächst kaum auf Interesse. Coudenhove, der in seiner unverwechselbaren Mischung aus Selbstüberschätzung, Naivität und Glauben an die „Mächtigen“ gehofft hatte, Präsident Roosevelt im direkten Gespräch von seinen Ideen zur europäischen Einigung überzeugen zu können, wurde im Weißen Haus nicht einmal empfangen. Und auch unterhalb dieser höchsten Ebene fand er in den USA kaum jemanden, der bereit war, ihm zuzuhören.

Angesichts dieser für „Paneuropa“ ungünstigen Stimmung konzentrierte sich der Graf daher vorerst auf ein anderes Betätigungsfeld. Er gehörte zu den prominenteren Persönlichkeiten innerhalb der mitteleuropäischen Exilantengruppe an der amerikanischen Ostküste, und so war es angesichts seines politischen Ehrgeizes kein Wunder, daß er sich auch in Verhandlungen über die Bildung einer österreichischen Exilregierung einschaltete. Eine solche Exilregierung war notwendig geworden, um gegenüber den Alliierten den Forderungen, Österreich nicht als Feindstaat sondern als Opfer des Nationalsozialismus zu behandeln, Nachdruck zu verleihen. Eine solche Anerkennung als erstes Opfer der nationalsozialistischen Aggression würde wiederum entscheidenden Einfluß auf den Status Österreichs nach Kriegsende haben. Doch gestalteten sich die Einigungsversuche angesichts der Zersplitterung des österreichischen Exils als schwierig. Zwischen den unterschiedlichen politischen Lagern bestanden kaum zu überwindende Unterschiede hinsichtlich der Nachkriegsplanungen: Ob der „Anschluß" Österreichs an das Deutsche Reich anzustreben sei oder ein selbständiges Österreich, daran entzündete sich, neben der Frage nach der zukünftigen Staatsform, die Hauptauseinandersetzung.

Coudenhove, der einen Anschluß Österreichs an das Deutsche Reich bereits vor 1938 abgelehnt hatte, setzte sich auch im Exil für einen eigenständigen österreichischen Staat ein, einen Staat, der gleichzeitig – als „Opfer" des Nationalsozialismus – auch von alliierter Besetzung verschont bleiben sollte. Insbesondere die Atlantik-Charta 1941 schien dafür Spielraum zu bieten. Mit Bezug auf die Beschlüsse der Alliierten forderte man für Österreich die Anwendung des „Selbstbestimmungsrechts der Völker" nach dem Krieg und damit implizit die österreichische Unabhängigkeit. Coudenhove verfaßte ein Memorandum mit dem Titel „Austria's Independence in the Light of the Atlantic Charter", welches er Churchill und Roosevelt übersandte. Gleichzeitig bot er an, einen „National Council for Austria" als Exilregierung zu bilden – mit ihm selbst an der Spitze. Dieser „National Council" sollte dann auch eine „national army of volunteers" zusammenstellen, welche an der Seite der Alliierten für die „Befreiung" Österreichs kämpfen sollte. Roosevelt antwortete auf die Übersendung des Memorandums erst gar nicht, Churchill mit einem freundlichen, letztlich aber nichtssagenden Brief. Daher versuchte Coudenhove nun, möglichst viele Exilvertreter unterschiedlicher politischer Provenienz zur Unterschrift einer Petition zu bewegen. In dieser war vom „heroischen Widerstand" die Rede, welchen Österreich vor dem „Anschluß" geleistet habe. Gerade aber die Formulierung vom „heroischen Widerstand" rief auf sozialdemokratischer Seite heftigen Protest hervor. Als zahlreiche Exilanten die Unterschrift unter seine Petition verweigerten, mußte sich Coudenhove letztlich das Scheitern seiner Bemühungen um eine Einigung des österreichischen Exils eingestehen. Gleichzeitig wurde deutlich, wie negativ sich die Unterstützung des ständestaatlichen Systems für den Paneuropäer auswirkte. Er galt in Exilkreisen schlicht und einfach nicht als eine „mehrheitsfähige" Person, die an der Spitze einer Exilregierung hätte stehen können.

Wenn also die Bemühungen Coudenhoves um eine österreichische Exilregierung erfolglos blieben, so waren seine Aktivitäten dennoch in anderer Hinsicht folgenreich. Denn in den New Yorker Jahren ergab sich erstmals eine intensive Zusammenarbeit Coudenhove-Kalergis mit Otto von Habsburg, dem ältesten Sohn des letzten österreichisch-ungarischen Kaisers und damit potentiellen Thronerben. Diese Zusammenarbeit sollte bis weit in die Nachkriegszeit hineinreichen und für die Zukunft der Paneuropa-Union von entscheidender Bedeutung sein. Coudenhove und von Habsburg hatten sich bereits 1938 in Paris kennengelernt. Habsburg war im Juni 1940 nach Washington ins Exil gegangen, und Coudenhove hat ihn in den amerikanischen Jahren gelegentlich in außenpolitischen Fragen beraten. Otto von Habsburg trat im Exil für ein in eine Donauföderation eingebundenes, unabhängiges Österreich nach dem Krieg ein. Und wenn er auch in der Öffentlichkeit bemüht war zu betonen, daß seine Pläne auf demokratischer Grundlage und freier Entscheidung der Bevölkerung über die Staatsform beruhten, so schwebte ihm im Kern doch die Wiederherstellung einer habsburgischen Monarchie – mit seiner Person an der Spitze – vor. Coudenhove-Kalergi, der vor dem Krieg eine habsburgische Restauration als nicht zeitgemäß und reaktionär abgelehnt hatte, entwickelte sich durch den Kontakt mit von Habsburg mehr und mehr zum Verfechter einer „democratic monarchy" in Österreich. Wenn er sich auch nach dem Krieg nie der legitimistischen Bewegung in Österreich anschließen sollte, so ergaben sich hier doch Kontakte, die Coudenhove an das katholisch-konservative Lager, an Legitimisten und Vertriebenenverbände heranführen sollte. Die sich bereits vor dem Zweiten Weltkrieg abzeichnende „Wanderung“ der Paneuropa-Union nach rechts setzte sich damit fort. In organisatorischer Hinsicht führten die engen Beziehungen schließlich dazu, daß Otto von Habsburg nach dem Tode Coudenhove-Kalergis 1972 das Präsidium der Paneuropa-Union übernahm.

Nach dem Scheitern der Bemühungen um eine Exilregierung wandte sich Coudenhove wieder „Paneuropa“ zu. Bei dieser Arbeit kam ihm seine verbesserte Stellung innerhalb der New Yorker Gesellschaft zugute. Durch die Vermittlung von Nicholas Murray Butler, dem Präsidenten der einflußreichen Carnegie-Stiftung, die bereits in den zwanziger Jahren in Kontakt mit der Paneuropa-Union gestanden hatte, erhielt Coudenhove einen Lehrauftrag und schließlich eine Honorarprofessur am neueröffneten „Research Seminar for Postwar European Federation“ der New York University. Auf diese Weise war er seit Februar 1942 stärker im amerikanischen System verankert als viele andere europäische Exilanten, die häufig genug ohne Beziehungen und ohne Arbeit am Rande des Existenzminimums lebten. Diese privilegierte Stellung nutzte Coudenhove-Kalergi für seine europäischen Pläne mit ungebremstem Einsatz aus. Wie in den zwanziger Jahren hielt er Vorträge, schrieb Artikel und Bücher und suchte Kontakte zu allen, die irgendwie hilfreich sein könnten. Nicht zuletzt die Publikation seines Buches „Crusade for Europe“, in dem er seine Ideen und Aktivitäten im Rahmen der Paneuropa-Union seit Anfang der zwanziger Jahre beschrieb, trug zu seiner wachsenden öffentlichen Bekanntheit in den USA bei. Gleichzeitig kam Coudenhove die politische Entwicklung entgegen. Mit dem Kriegseintritt der USA wuchs sukzessive auch das Interesse an Überlegungen zur Nachkriegsordnung einerseits, an europäischen Fragen andererseits. So gelang es dem Grafen, seine Paneuropa-Union „wiederzubeleben“, worunter wir uns allerdings wiederum keine große Organisation, sondern ein vor allem von Coudenhove gesteuertes und „regiertes“ Unternehmen vorstellen müssen: Im März 1942 fand eine erste Paneuropa-Kundgebung statt, im März 1943 der V. Paneuropa-Kongreß in New York.

In den Exiljahren veränderte Coudenhove seine Paneuropa-Konzeption in einigen Aspekten, wenn sich auch später herausstellen sollte, daß es sich nur um vorübergehende Änderungen gehandelt hatte und er bald zu seinen alten Überzeugungen zurückkehrte. Stärker als noch in der Zwischenkriegszeit zeichnete Coudenhove in der ersten Hälfte der vierziger Jahre sein „Paneuropa“ als einen Bundesstaat. Früher hatte er sich eher zurückgehalten, wenn es um die Aufhebung nationaler Souveränitätsrechte ging. Wie eigentlich alle „Europäer“ hielt er in der Zwischenkriegszeit die Nationalstaaten für unerläßlich, wenn er auch in ferner Zukunft einen paneuropäischen Bundesstaat anstrebte. Anfang der vierziger Jahre erklärte Coudenhove es nun allerdings, ganz im Strom der Zeit schwimmend, zum „Desaster“, wenn nach dem Krieg die souveränen Nationalstaaten in Europa wiederbegründet würden und forderte für das zukünftige Europa eine starke Bundesautorität, welche durch eine verfassungsgebende Versammlung unmittelbar nach Kriegsende zu schaffen sei. Die Idee einer verfassungsgebenden Versammlung, auf die sich Coudenhove in der Nachkriegszeit immer wieder beziehen sollte, tauchte hier – übernommen aus einem Buch des Stanford-Professors Albert Guérard – zum ersten Mal auf. Eingebunden werden sollte der so entstehende europäische Bundesstaat in eine „Atlantische Union als System politischer, ökonomischer, militärischer und monetärer Kooperation“ zwischen Europa, Großbritannien und dem Commonwealth sowie den USA beziehungsweise „Panamerika“.

Gleichzeitig forderte Coudenhove-Kalergi angesichts der zu diesem Zeitpunkt unbestrittenen Überlegenheit der Deutschen in Europa die Schaffung föderaler Gruppen innerhalb einer zu bildenden europäischen Föderation: Dabei sollten sich jeweils der Balkan, Skandinavien und die iberischen Länder mit Italien zusammenschließen, ebenso die „westlichen Demokratien“ Frankreich, Belgien, Holland und die Schweiz, sowie die katholischen Staaten im Osten, also Polen, die Tschechoslowakei, Österreich und Ungarn. Deutschland hingegen sollte als einziger Staat eine eigenständige

Gruppe bilden, mit dem Ziel, den Deutschen nun gleichstarke Gebilde gegenüberzustellen, so daß eine deutsche Hegemonie künftig undenkbar wäre. Eine solche regionale Aufgliederung „Paneuropas“ war ein neues Element, mit dem Coudenhove auf die Situation in Europa reagierte. Eines jedoch war nicht neu: Weiterhin war Deutschland in Coudenhoves „Paneuropa“ vollständig und als staatliche Einheit mit einzubeziehen. Die Deutschen sollten nach Coudenhoves Vorstellungen vom Westen „assimiliert“ und auf diese Weise fest in die europäische Föderation der Nachkriegszeit integriert werden. Coudenhoves Angst vor der „Bedrohung aus dem Osten“ ließ ihn niemals von seiner Überzeugung abrücken, daß die Deutschen nach dem Krieg in ein „Bollwerk“ gegen die vermeintliche sowjetische Aggression eingebunden werden müßten.

Auch wenn diese Einschätzung in der Situation des Kalten Krieges nachträglich ihre Rechtfertigung zu erhalten schien, waren Coudenhoves Überzeugungen Anfang der vierziger Jahre in der amerikanischen Öffentlichkeit nicht mehrheitsfähig. Vor allem die Tatsache, daß der Paneuropäer, auch nach dem deutschen Angriff auf die Sowjetunion, weiterhin gegen den „Bolschewismus“ wetterte und die Überzeugung vertrat, daß Deutschland in den Grenzen von 1937 unbedingt in die Nachkriegsordnung zu integrieren sei, erschwerte die Akzeptanz seiner Ideen in den USA – sowohl auf Seiten der amerikanischen Regierung wie auch in Emigrantenkreisen. So waren zahlreiche, gerade bekanntere Namen nicht mehr bereit, die Paneuropa-Union zu unterstützen. Beispielsweise zogen sich der französische Philosoph Jacques Maritain, Thomas Mann oder der spätere italienische Außenminister Carlo Sforza nach anfänglicher Bereitschaft zur Mitarbeit von der Union zurück. Gleichzeitig begann sich Coudenhoves langjährige, beinahe opportunistische Praxis, mit allen Mächtigen (außer den Kommunisten) den Kontakt zu suchen, zu rächen. Dies wird deutlich in der Begründung, mit der beispielsweise Thomas Mann 1943 eine weitere Zusammenarbeit mit dem Paneuropäer ablehnte. Mann warf Coudenhove vor, seine „europäische Vereinigungs-Agitation [sei] niemals durch eine übertriebene moralisch-politische Dezidierthcit und

Gesinnungsdeutlichkeit ausgezeichnet" gewesen, sondern vielmehr von einer „eleganten Duldsamkeit" in der Auswahl derer, die zur Mitarbeit an „Paneuropa" herangezogen wurden. Dieser „Indifferenz" sei es zu schulden, daß der „Geist, zu welchem innerpolitischen Zweck und Ziel eigentlich der Kontinent geeinigt werden sollte", nicht zu erkennen sei. Gerade aber die nationalsozialistische Propaganda für eine Einigung Europas mache deutlich, daß es „jetzt eben wirklich *nur* noch auf die Art ankommt, in der man sie will, nur noch auf den Geist, in dem man ‚Europa' sagt. Paneuropa ist gar nichts mehr, außer, es wäre ein klarer moralisch-politischer Wille, ein Ja und Nein, eine *Gesinnung* damit verbunden, die es ablehnt, mit jedem umzugehen, der nur irgend eine Art von Macht vorstellt." Angesichts der Kritik von unterschiedlichsten Seiten – die Coudenhove allerdings als einen „Sturm der Intrigen" bezeichnete – revidierte er seinen Standpunkt zur deutschen Nachkriegsordnung so lange, bis er im März 1945 die Liquidierung des Deutschen Reiches forderte. Seine feindselige Haltung gegenüber der Sowjetunion jedoch wandelte sich nicht.

Ingesamt konnte Coudenhove kaum etwas Substantielles in den USA erreichen. Er hatte zwar, auf die ihm typische Art, während seines Aufenthaltes in den USA versucht, jeden nur möglichen Politiker mit seinen Ideen zu konfrontieren und hatte dabei zahlreiche Kontakte geknüpft. Mit seinem strotzenden Selbstbewußtsein, seinen Überzeugungen und seinem Verhalten hatte er sich jedoch nicht nur Freunde gemacht, und er hatte auch nicht den Erfolg gehabt, den er sich erträumt haben wird. Seine konkreten politischen Vorschläge fanden keinen Eingang in die Nachkriegsplanungen der USA. Dennoch wird man sagen können, daß er durch sein Engagement der europäischen Idee bis zum Kriegsende in den Vereinigten Staaten zu einem gewissen Bekanntheitsgrad verholfen hat. So versammelte er beispielsweise eine Reihe von Politikern und Männern des öffentlichen Lebens in einem „American Committee for a Free and United Europe". Dieses knüpfte an ein Komitee an, das Coudenhove schon bei seiner ersten USA-Reise 1925/26 ins Leben gerufen hatte, das damals allerdings kaum Wirkung entfaltet und seine Aktivität schon bald wieder eingestellt hatte. Seit 1941 bemühte sich Coudenhove um seine „Wiedererweckung". Das „American Committee for a Free and United Europe" sollte nach 1945, als sich die amerikanische Europapolitik im Zuge des aufbrechenden Ost-West-Konfliktes zu wandeln begann und eine westeuropäische Einigung zunehmend im amerikanischen Interesse lag, für die Geschichte der europäischen Einigungsbewegungen noch eine wichtige Rolle spielen. Es finanzierte, vorwiegend über Geheimdienstgelder, Organisationen, die sich eine Einigung (West-)Europas auf die Fahnen geschrieben hatten. Coudenhove-Kalergi und seine Paneuropa-Union allerdings konnten, trotz seiner „Geburtshelferrolle", davon offenbar nicht profitieren. Dies lag vor allem daran, daß sich seine Positionen in den fünfziger Jahren mit den Zielen der Amerikaner nicht vereinbaren ließen. Stattdessen traten andere europäische Aktivisten an seine Stelle – eine Erfahrung, die Coudenhove in der Nachkriegszeit immer wieder machen mußte.

8.

Ein neuer Anfang: Die Europäische Parlamentarier-Union

Coudenhove-Kalergi kehrte nach dem Ende des Zweiten Weltkrieges erst relativ spät nach Europa zurück – zu spät vielleicht. Vom Juni bis zum Dezember 1946 reiste er erstmals wieder in die Alte Welt. Er hoffte, die Europabegeisterung in der europäischen Bevölkerung durch die Wiederbegründung seiner Paneuropa-Union kanalisieren zu können. Diese sollte dadurch endlich zu jener einflußreichen Massenbewegung werden, die „Paneuropa" erzwingen könne. Er bot Winston Churchill und Charles de Gaulle das Ehrenpräsidium seiner Organisation an, doch beide lehnten ab. Und gleichzeitig mußte Coudenhove feststellen, daß sich, als er anderthalb Jahre nach Kriegsende nach Europa zurückkehrte, dort bereits zahlreiche europäische Einigungsbewegungen gegründet hatten. Der Paneuropäer traf auf unerwartete Konkurrenz.

Diese Gruppen, die sich unmittelbar nach Kriegsende überall in Europa bildeten, knüpften meist an bereits während des Krieges entstandene Zirkel an. Sie hatten, häufig dem Widerstand gegen die deutsche Besatzung verbunden, eine europäische Einigung zum Kernpunkt einer stabilen Nachkriegsordnung erhoben. Dabei kam nun, stärker als bei den vielen Verständigungsbestrebungen der Zwischenkriegszeit, neben einem deutlichen sozialistischen Impetus einer demokratischen Ordnung entscheidende Bedeutung zu. Mit großem Idealismus traten die ehemaligen Widerstandskämpfer für ein freiheitlich-sozialistisches Europa ein, das auf demokratischer Grundlage zwischen den Blöcken von Ost und West vermitteln sollte. Nationalstaaten sollte es in diesem Europa nicht mehr geben. Ihre Zeit schien vorüber: Diktatur und Krieg hatten nach Vorstellung der Europabegeisterten bewiesen, daß die Nationalstaaten nicht in der Lage waren, ihren Bürgern Schutz vor Verfolgung und Krieg zu bieten. Stattdessen sollte eine supranationale Gemeinschaft Konflikte und Rivalitäten zwischen den Nationen, welche man für die Entwicklung in der ersten Hälfte des 20. Jahrhunderts verantwortlich machte, für immer verhindern. Diese föderalistischen „Europäer", bald organisatorisch in der Union Europäischer Föderalisten/Union Européen des Fédéralistes (UEF) zusammengeschlossen, wollten eine neue Gesellschaft schaffen, eine bessere Welt. Sie wollten den totalen Neuanfang wagen. Angesichts einer solchen Grundhaltung erschien ihnen Coudenhove-Kalergi als Repräsentant einer längst vergangenen und notwendigerweise zu überwindenden Epoche. Sein Habitus, seine Konzepte, sein Weltbild – all dies schien nicht zu einem Neubeginn zu passen. Es waren nicht die Verständigungsbemühungen der Zwischenkriegszeit, an die man anknüpfen wollte, es war der Kampf gegen Diktatur und Krieg, auf den man sich berief.

Coudenhove-Kalergi hingegen, mit seinem Selbst- und Sendungsbewusstsein, sah die Einigungsgruppierungen der frühen Nachkriegszeit ausschließlich als „Kinder" der Paneuropa-Union an. Er forderte für sich und seine Organisation, als ältester Europabewegung, die führende Position. Die Paneuropa-Union sollte an der Spitze einer gemeinsamen Einigungsbewegung stehen, in gebührlichem Abstand gefolgt von den untergeordneten neuen Verbänden. Coudenhove wollte, wie er es auch in der Zwischenkriegszeit bereits gerne getan hätte, sämtliche Gruppierungen unter seiner Führung vereinigen, er wollte alle Macht auf sich vereinen und forderte für die (organisatorisch zu diesem Zeitpunkt gar nicht existierende) Paneuropa-Union und vor allem für seine eigene Person eine Vorrangstellung aufgrund seiner Verdienste in den vergangenen Jahrzehnten. Dies mag von seiner Warte aus verständlich gewesen sein, in der ohnehin schwierigen Verhandlungsphase über einen gemeinsamen Dachverband aller europäischen Verbände (wie er mit der Europäischen Bewegung schließlich entstehen sollte), komplizierte die egozentrische Position Coudenhoves die Situation zusätzlich. Harte Konflikte waren vorgezeichnet.

Dies galt nicht nur gegenüber den europäischen Föderalisten in den Reihen der Union Europäischer Föderalisten. Auch mit anderen entstehenden Verbänden kam es bald zu Rivalitäten und Spannungen, vor allem mit dem britischen United Europe Movement (UEM), welches, im Gegensatz zu den europäischen Föderalisten, keine bundesstaatliche Ordnung des Kontinentes anstrebte. Den Briten ging es eher um einen Staatenbund, um Kooperation und Zusammenarbeit, jedoch nicht um die Abgabe nationaler Souveränitätsrechte an eine europäische Instanz. Wenn auch dieser Punkt später zu inhaltlichen Auseinandersetzungen führen sollte, so lag der Kern der Spannungen zwischen Coudenhove und dem Organisator des United Europe Movement, Duncan Sandys, doch vor allem in Eitelkeiten. Coudenhove hielt den Schwiegersohn Churchills für seinen „gefährlichsten Gegner“ und einen „Gegenspieler von Format, der alles unternahm, um mich von der Führung der Bewegung zu verdrängen.“

Zu diesen Rivalitäten, die die privaten europäischen Verständigungsbemühungen bereits seit der Zwischenkriegszeit auszeichneten und auch nach 1945 ihr Merkmal bleiben sollten, traten bald auch Konflikte in der Sache. Diese hingen eng mit dem Vorgehen Coudenhoves zusammen. Der Graf mußte einsehen, daß seine Paneuropa-Union wohl nicht den Erfolg haben würde, den er sich im Exil erhofft hatte. Statt sich nun in einen von vorneherein schwierigen, wenn nicht gar aussichtslosen Konkurrenzkampf mit den bereits bestehenden Verbänden um Mitglieder, öffentliche Unterstützung und Finanzierung zu stürzen, entschied sich Coudenhove, einen anderen Weg zu gehen, um seinen Konzepten zum Durchbruch zu verhelfen. Denn sein europapolitisches Engagement aufzugeben, kam für ihn nicht in Frage. So verzichtete er auf die Wiederbegründung der Paneuropa-Union und entwickelte statt dessen einen neuen Plan. Dabei ging er vor allem von einer Voraussetzung aus: Während jene Résistance-Mitglieder, die am Ende des Zweiten Weltkrieges gehofft hatten, die Zeit der Nationalstaaten sei vorüber, sich lange weigerten, die Restitution der europäischen Nationalstaaten, die unmittelbar nach dem 8. Mai 1945 einsetzte, zu akzeptieren, erkannte Coudenhove, daß auch in Zukunft jede europäische Einigungsbemühung die Nationalstaaten in ihre Überlegungen miteinbeziehen müsse. Dies entsprach ja durchaus auch Coudenhoves eigenen Konzepten, in denen Supranationalität eher ein zukünftiges Ziel darstellte, welches sich aber keinesfalls „ad hoc" würde erreichen lassen. Doch auch wenn Coudenhove, wir haben es gesehen, im Laufe seines paneuropäischen Engagements seit den zwanziger Jahren seine Position gegenüber einer supranationalen Einigung mehrfach gewechselt hatte (und dies in den fünfziger und sechziger Jahren auch weiterhin tun sollte), so hatte er nach Kriegsende eindeutig für die Supranationalität Stellung bezogen. Er vertrat in der unmittelbaren Nachkriegszeit den Standpunkt, die Zukunft Europas könne nur in einer Föderation liegen. Der Kontinent könne nicht nach „denselben überlebten Grundlagen" wiederaufgebaut werden, zu denen vor allem die „unbeschränkte nationale Souveränität" gehöre. Er hatte, so formuliert es Walter Lipgens „den Umbruch, der sich vollzogen hatte, verstanden."

Dennoch ging der Paneuropäer nicht mit jenem überschäumenden Idealismus ans Werk, der die UEF auszeichnete. Diese wollte die wiederentstandenen Staaten und Regierungen am liebsten in Form eines „revolutionären Aktes" durch die europäische Bevölkerung hinwegfegen und den europäischen Bundesstaat unmittelbar schaffen. Coudenhove waren solch revolutionäre Überlegungen grundsätzlich fremd, ja sie erschienen ihm sogar gefährlich. Solch eine „Revolution" drohe, „selbst wenn sie zur europäischen Union führte, [...] die Grundlagen unserer glorreichen Zivilisation zu zerstören." Hier traten die tiefen Unterschiede im Weltbild der Föderalisten und Coudenhoves zutage. Der Paneuropäer setzte mit seinen Überlegungen im Gegensatz zu den Föderalisten nicht beim „europäischen Volk", sondern bei den bestehenden Nationalstaaten und ihren Regierungen an. Coudenhove war überzeugt, daß die nationalen Regierungen eine europäische Einigung aufgrund des eigenen Selbsterhaltungstriebes nicht voran bringen würden, beschneide doch jede Abgabe von Rechten an Europa nationale

Abb. 7: Der Rat der europäischen Parlamentarier-Union tagt im Straßburger Rathaus am 2. Juli 1949
Konrad Adenauer, Karl Person, Karl Olfers, Friedrich von Prittwitz und Gaffron, Gabriel Bolifraud, Mme. Germaine Peyroles, Gérard Jaquet, Réne Coty, Robert Bichet, Raymond Triboulet, Richard Coudenhove-Kalergi, Lodovico Benvenuti, Grégoire Cassimatis, Georges Bohy

Abb. 8: Richard Coudenhove-Kalergi im Alter (1967)

Kompetenzen und eigene Machtpositionen. Aufgrund dieser Überlegungen wandte er sich gezielt an die Abgeordneten der wiederentstehenden nationalen Parlamente, in der Hoffnung, die von „Paneuropa“ überzeugten Parlamentarier würden gezielt auf die nationalen Regierungen Druck ausüben können. Auf diese Weise sollte eine europäische Einigung gewissermaßen auf parlamentarischem Wege erzwungen werden.

Coudenhove-Kalergi organisierte zur Umsetzung dieses Modells eine Umfrageaktion. Im Dezember 1946 versandte er fast 4000 Fragebögen an Parlamentarier in zwölf westeuropäische Länder, denen er im Januar 1947 eine zweite Tranche folgen ließ. Dabei blieben sowohl die sowjetisch beherrschten Länder Mittel- und Osteuropas wie auch die deutschen Besatzungszonen unberücksichtigt. Im deutschen Falle war dies aufgrund eines fehlendes Bundesparlamentes noch zu rechtfertigen. Die Ausgrenzung Mittel- und Osteuropas spiegelt hingegen Coudenhoves seit jeher rigiden Antikommunismus und seine Überzeugung, daß die unter sowjetischer Vorherrschaft stehenden Länder sich niemals freiheitlich für oder gegen Europa würden entscheiden können. Auch wenn er mit dieser Einschätzung recht behalten sollte: Seine Ausgrenzung der mittel- und osteuropäischen Länder stieß in der frühen Nachkriegszeit auf Ablehnung. Insbesondere die UEF, die auf ein Europa der „Dritten Kraft“ zwischen den Blöcken hoffte, warf dem Paneuropäer vor, Europa zu spalten.

Die von Coudenhove angeschriebenen Abgeordneten sollten die Frage „Are you in favour of a European Federation within the framework of the U.N.?“ mit ja oder nein beantworten. Anfangs blieb die Resonanz gering. Erst im Verlauf des Jahres 1947, je mehr sich die weltpolitische Situation zuspitzte, stieg die Anzahl der positiven Antworten. Bis Oktober waren 1818 Antworten zurückgekommen, davon 1766, die mit „ja“ geantwortet hatten. Damit hatten sich immerhin 41,5 Prozent der insgesamt Befragten für eine Europäische Föderation ausgesprochen, unter den eingegangenen Antworten waren 97 % Ja-Stimmen. Coudenhove legte diese Zahlen als eindeutigen Erfolg aus, maß allerdings der Tatsache kaum Bedeutung zu, daß die Antworten regional erheblich voneinander abwichen. Während sich die im Krieg besetzten und zerstörten Länder Europas durchweg positiv äußerten, fiel die Zustimmung in den Ländern Nordeuropas und in Großbritannien geringer aus. Ungeachtet dieser Tatsache regte Coudenhove daraufhin die Gründung von Parlamentarierkomitees an, aus denen sich seit Juli 1947 die Europäische Parlamentarier Union (EPU) entwickelte.

In den Reaktionen auf Coudenhoves Aktion zeigt sich, daß zahlreiche europäische Abgeordnete eine europäische Föderation wünschten und bereit waren, diese aktiv zu unterstützen. Coudenhove hatte die entscheidende Lücke in den Aktivitäten der Einigungsbewegungen ausgemacht, mit der er sich von den bestehenden Gruppierungen unterschied und seinen Aktionen damit Legitimität verschaffte. Er bot den europäischen Parlamentariern, erstmals nach Kriegsende, wieder eine Plattform zum Austausch und zur politischen Diskussion. Er hatte ein „taktisch meisterliches Konzept" entwickelt und es (vorwiegend auf eigene finanzielle Kosten) geschafft, seinen Platz als wichtigster Privatmann Europas zu behaupten – das gestehen selbst jene zu, die seine Person eher kritisch beurteilen.

Im September 1947 fand in Gstaad der erste Kongress der Europäischen Parlamentarier Union statt, auf dem sie sich auch organisatorisch konstituierte. Georges Bohy, belgischer Sozialist, wurde zum Präsidenten gewählt, flankiert von dem griechischen Sozialdemokraten Leon Maccas, dem italienischen Christdemokraten Enzo Giacchero, dem französischen Unabhängigen René Coty und dem britischen Labour-Abgeordneten Evelyn King als Vizepräsidenten. Der niederländische Liberale A. Hacke und die französische MRP-Senatorin Anne-Marie Trinquier übernahmen die Posten Parlamentarischer Sekretäre, während Coudenhove-Kalergi als einziger Nichtparlamentarier innerhalb der Europäischen Parlamentarier Union zum Generalsekretär gewählt wurde. Insgesamt nahmen an dem Kongreß 114 Parlamentarier (ohne Vertreter aus Deutschland sowie den sowjetisch beherrschten europäischen Ländern) teil, die allerdings zu sehr unterschiedlichen Teilen aus den verschiedenen europäischen Ländern kamen. So stellten die französischen und die italienischen Abgeordneten gemeinsam fast drei Viertel der Teilnehmer, während beispielsweise aus Großbritannien oder Skandinavien nur wenige Parlamentarier angereist waren. Der Kongreß bot den Beteiligten nicht nur eine Austauschmöglichkeit, er stellte gewissermaßen erstmals so etwas wie ein europäisches Parlament dar, in dem auf übernationaler Ebene diskutiert und abgestimmt wurde. Interessanterweise kam es zu keinem Zeitpunkt zu nationalen Voten, bei denen nationale Delegationen geschlossen abgestimmt hätten (was allerdings, wie Walter Lipgens betont hat, auch daran lag, daß man strittige Fragen „in einem weiten Bogen" umging). Die Europäische Parlamentarier Union verstand sich selbst als eine Art „Vorparlament", welches bis zu jenem Zeitpunkt in regelmäßigen Abständen tagen sollte, an dem „es sein Mandat einer Europäischen Verfassungsgebenden Versammlung, gewählt vom europäischen Volk, übertragen kann." Die Parlamentarier verabschiedeten am Ende des Gstaader Kongresses einstimmig die Forderung, baldmöglichst eine Konstituierende Versammlung einzuberufen, welche eine europäische Bundesverfassung erarbeiten solle. Zu diesem Zweck rief man eine Kommission ins Leben, die einen Entwurf einer „Verfassung der Vereinigten Staaten von Europa" ausarbeiten sollte. Gleichzeitig mit dieser Aktivität der Europäischen Parlamentarier Union versuchte Coudenhove in der Folgezeit, über die Stärkung des europäischen Gedankens in den USA die europäischen Nationalstaaten von „außen" in die Zange zu nehmen, wofür er auch wiederholt in die USA reiste.

Die Europäische Parlamentarier Union konnte jedoch ihr hochgestecktes Ziel, ein „europäisches Vorparlament" zu bilden, letztlich nicht umsetzen. Gründe dafür gab es verschiedene. Zum einen war die Beteiligung der einzelnen nationalen Parlamente zu unterschiedlich, um einen repräsentativen Durchschnitt der Bevölkerung Europas darzustellen. Gleichzeitig führte Coudenhoves Weigerung, mit anderen Europaverbänden zusammenzuarbeiten, immer deutlicher zu Konflikten auch innerhalb der Europäischen Parlamentarier Union. Auf Druck ihres Generalsekretärs weigerte sich die Organisation, an den Koordinationstreffen zur Bildung eines Dachverbandes der verschiedenen Europa-Gruppierungen teilzunehmen, die seit Sommer 1947 stattfanden. Ebenso sollte die Europäische Parlamentarier Union nach dem Willen Coudenhoves darauf verzichten, an dem ersten großen Kongreß dieser neugegründeten Europäischen Bewegung im Mai 1948 in Den Haag teilzunehmen, eine Entscheidung, die erst im letzten Moment rückgängig gemacht wurde. Coudenhove, der seine Weigerung mit Vermutungen, man „boykottiere" ihn und versuche ihm mit „Intrigenkampagnen [...] die Führung der Europäischen Parlamentarier-Union zu entreißen", begründete, war im Kern einfach nicht bereit, die Unabhängigkeit seiner Organisation auch nur teilweise antasten zu lassen, und forderte für sich außerdem – wie so häufig – eine Sonderposition. Die Paneuropa-Flagge sollte zum übergreifenden Symbol der europäischen Einigungsbewegung werden. Die Vertreter anderer Verbände lehnten dies ab: Nicht zuletzt um den Neuanfang nach dem Krieg deutlich zu machen sollte es „eine völlig neue Flagge sein, die nicht zuvor mit irgendeiner Organisation verbunden war", welche die Einigungsbewegung in Zukunft führen sollte. Coudenhove wiederum interpretierte dies als absolute Geringschätzung seiner Arbeit und drohte, die Paneuropa-Union wiederzubeleben, geriet aber mit diesen egozentrischen Positionen langsam auch innerhalb der Europäischen Parlamentarier Union in die Kritik. So schwand der Einfluß des Gründers auf seine Organisation zusehends.

Auf dem Kongreß in Den Haag wurde deutlich, daß die Europäische Parlamentarier Union in wachsendem Maße auch durch inhaltliche Spannungen zerrissen war. Nationale Parlamentarier waren eben doch in stärkerem Maße von nationalen Interessen bestimmt und mit nationalen Regierungen verbunden, als es sich Coudenhove erhofft hatte. Nationale Gegensätze und unterschiedliche Interessenlagen stießen auch in der Europäischen Parlamentarier Union aufeinander, die Parlamentarier zogen eben nicht gemeinsam an dem einen Strang der „großen Sache" Europa. Ganz besonders deutlich wurde dies an der Auseinandersetzung mit den britischen Parlamentariern in der Europäischen Parlamentarier Union. Der Verband hatte hier mit den gleichen Problemen zu kämpfen, wie andere europäische Einigungsbewegungen oder auch die Europapolitik der Regierungen. Denn obwohl sich alle darüber einig waren, daß eine europäische Einigung erfolgen müsse, bestanden gravierende Unterschiede hinsichtlich der Zielvorstellungen. Ein entscheidender Punkt, wenn auch längst nicht der einzige, war dabei die Frage „Bundesstaat oder Staatenbund". Während sich vor allem die kleineren europäischen Länder, etwa jene des Benelux, von einer supranationalen Einigung mehr Einfluß auf das europäische Geschehen erhofften, verweigerten insbesondere die Briten jeden Schritt hin zur Supranationalität. Und so brachen auch in der Europäischen Parlamentarier Union bald Streitigkeiten über das ursprünglich supranationale Ziel der Organisation aus. Der zweite Kongreß der Union in Interlaken im September 1948 machte dies klar. Zwar gelang es, den sogenannten Interlaken-Plan, welcher die Grundzüge einer europäischen supranationalen Bundesverfassung skizzierte, zu verabschieden. Dieser Interlaken-Plan sollte in Folge durch die Mitglieder der Europäischen Parlamentarier Union in ihren jeweiligen Heimatparlamenten eingebracht werden. Bald wurde jedoch deutlich, daß insbesondere in Großbritannien keine Zustimmung zu diesem Plan zu erhalten war, und infolgedessen entwickelten auch die anderen nationalen Sektionen der Europäischen Parlamentarier Union kaum Aktivität. Das Ergebnis war die Spaltung des Verbandes: Die Briten zogen sich zurück, und es erfolgte die Gründung eines Konkurrenzverbandes europäischer Parlamentarier in der Europäischen Bewegung. Gleichzeitig mit dieser organisatorischen Spaltung verlor die Europäische Parlamentarier Union an Legitimation und Bedeutung, seit mit dem Europarat im September 1949 eine parlamentarische Plattform in Europa zur Verfügung stand. Dessen Gründung war einerseits Ziel der Europäischen Parlamentarier Union gewesen, andererseits raubte seine Verwirklichung ihr die Grundlage. 1950 veranstaltete die Europäische Parlamentarier Union ihren vierten und letzten Kongreß in Konstanz. Hier waren die Franzosen ebenso wie die Briten aufgrund von Spannungen innerhalb des Verbandes bereits nicht mehr anwesend, der Kongreß selbst offenbarte nur das endgültige Aufbrechen von nicht überbrückbaren Konflikten im Hinblick auf die Gestaltung des zukünftigen Europa.

Aufgrund der britischen Weigerung, sich einer Föderation anzuschließen, plädierte Coudenhove nun dafür, den Bundesstaat Europa ohne England zu schaffen. Dabei sollte das Reich Karls des Großen als Vorbild dienen, waren es doch für Coudenhove „die Staaten, die einst im Karolingerreich zusammengeschlossen waren und die heute im Rahmen des Schuman-Plans zusammenwirken." Für ihn hatte die „Berufung auf Karl den Großen [...] symbolischen Wert: sie läßt die Erinnerung aufleben an jenen großen Belgier, der zugleich König von Frankreich war, römischer Kaiser und deutscher Held", eine Erinnerung, die ein europäisches Nationalgefühl heranreifen lassen könne. Diese „Karls-Union", als Teil einer „atlantischen Union", sollte, ebenso wie Coudenhoves „Paneuropa" der Zwischenkriegszeit ihren wirtschaftlichen Reichtum vor allem auf Kolonien in Afrika gründen. Diesen Vorschlägen konnten sich andere Führungskräfte der Europäischen Parlamentarier Union, ebenso wie die Vertreter anderer europäischer Verbände, nicht anschließen. Gerade in Deutschland assoziierte man mit der Rede von einer „Karls-Union" Europa-Konzepte, die vorwiegend im konservativ-katholischen Milieu der jungen Bundesrepublik beheimatet waren. Um ein rechristianisiertes „Abendland" ging es vielen Europa-Aktivisten aber eben gerade nicht. Paradoxerweise lag dies auch nicht in Coudenhoves Interesse: Anders als etwa der sogannten „Abendländischen Bewegung" war es ihm nie um Rechristianisierung oder Aufhebung der Moderne in einer verklärten Vision des Mittelalters als dem „goldenen Zeitalter" gegangen. Möglicherweise war sich der Paneuropäer der Assoziationen, die Karl der Große bei vielen Europäern weckte, gar nicht bewußt, sondern griff auf den mittelalterlichen Kaiser vor allem zurück, weil ihm 1950 die Stadt Aachen als erstem den Karls-Preis überreicht hatte. Bei eher fortschrittlichen Kräften raubte ihm dieser Bezug jedoch zusätzlich Unterstützung, auch in der Europäischen Parlamentarier Union. So war die Geschichte des Verbandes nach seinem Konstanzer Kongreß eigentlich vorüber: Bis zum Jahre 1954 gliederte sie sich in die Europäische Bewegung ein und verschmolz mit deren Parlamentarischer Sektion. Coudenhove hingegen konzentrierte sich seit Anfang der fünfziger Jahre auf eine neue Aufgabe: die Reorganisation seiner Paneuropa-Union.

9.

Ohne Rückhalt: Coudenhove-Kalergi in den fünfziger Jahren

Die Entscheidung, die Paneuropa-Union wiederzubeleben, rief bei Coudenhoves Zeitgenossen viel Kritik hervor. Es war einfach zu deutlich, daß der Paneuropäer nach dem Scheitern der Europäischen Parlamentarier Union nach einem neuen europapolitischen Betätigungsfeld suchte und dabei auf die für ihn naheliegendste Lösung, die Wiederbegründung der Paneuropa-Union, verfiel. Angesichts der reichen Zahl bestehender Europaverbände, deren Vielfalt in der Öffentlichkeit ohnehin zu Verwirrung führte, kritisierten andere „Europäer" Coudenhoves Weigerung, sich und seine Aktivitäten in die Anstrengungen der anderen Verbände einzugliedern, sondern partout auf Eigenständigkeit zu bestehen. Coudenhoves Motivation war klar: Er hoffte, seine Position, seinen Einfluß und nicht zuletzt auch sein finanzielles Einkommen – ein Punkt, auf den noch zurückzukommen sein wird – zu sichern. Das Argument, das Coudenhove offiziell für die Wiederbegründung der internationalen Paneuropa-Union fand, war ein „Europäischer Patriotismus", „der bereit ist, nicht nur die Vorteile eines Zusammenschlusses anzuerkennen, sondern auch die notwendigen nationalen Opfer zu bringen." Einen solchen Patriotismus habe die Europäische Bewegung in ihrem Ringen um Abkommen zu fördern vergessen. Die Aufgabe, Europa in den Herzen der Europäer zu verankern, eine „europäische Nation" zu schaffen und das „durch Verträge und Verfassungen entstehende Europa mit einem neuen Geist zu füllen", solle nun die Paneuropa-Union übernehmen. Dabei, betonte Coudenhove, wolle er den anderen Organisationen nicht in die Quere kommen. Dies allerdings konnte die europäischen Verbände nicht dazu bringen, die angekündigte Konkurrenz freundlich willkommen zu heißen.

Die Ausgangsbedingungen für die Wiederbegründung der Paneuropa-Union waren daher mehr als ungünstig. Und tatsächlich traf Coudenhove in den fünfziger Jahren auf erhebliche Schwierigkeiten. Nirgendwo glückte es ihm, sich und seine Paneuropa-Union wieder ins Spiel zu bringen und die „Vorherrschaft" der etablierten Europaverbände zu brechen. Bis zu diesem Zeitpunkt war es ihm, dem Privatmann, immer gelungen, Kontakte zu den wichtigsten Politikern und Journalisten seiner Zeit zu pflegen. Auch wenn er im Einzelfall vielleicht nichts erreichte, so war sein Name doch in Regierungskreisen und in der Öffentlichkeit bekannt und respektiert. In den fünfziger Jahren jedoch bröckelte diese für Coudenhoves Wirken so wichtige Grundlage. Er war in allen europäischen Ländern zunehmend isoliert, nicht zuletzt, weil seine Vorschläge und Konzepte den Realitäten des europäischen Einigungsprozesses kaum mehr angemessen waren und in die Gegenwart der fünfziger Jahre immer weniger zu passen schienen.

Nehmen wir das Beispiel Bundesrepublik: Über Jahre hinweg versuchte Coudenhove hier Fuß zu fassen. Einerseits war er sich der Bedeutung der Bundesrepublik im Integrationsprozeß bewußt, andererseits lockten ihn die in Westdeutschland üppigen Spendentöpfe öffentlicher und privatwirtschaftlicher Hand. Es gelang ihm jedoch bis weit in die sechziger Jahre hinein nicht, die Paneuropa-Union in der Bundesrepublik zu etablieren, und diese Entwicklung ist nur beispielhaft für Coudenhoves Mißerfolg auch in anderen europäischen Ländern.

Ein Grund für die Schwierigkeiten, auf die Coudenhove bei seinen Bemühungen um eine Wiederbelebung der Paneuropa-Union traf, war sicherlich, daß er es in den ersten Jahren nach 1945 versäumt hatte, in den westlichen Besatzungszonen über die politische Ebene hinaus wieder Fuß zu fassen. So hatte er etwa auf Versuche deutscher „Paneuropäer" der Zwischenkriegszeit, mit ihm Kontakt aufzunehmen, nicht reagiert, weil ihm in den ersten Jahren nach

Kriegsende die Parlamentarier als Zielgruppe näher lagen als andere „Europäer". Die vor den Kopf gestoßenen Aktivisten wandten sich daraufhin anderen Europaverbänden zu. Besonderer Bedeutung kam dabei der Ende der vierziger Jahre aus verschiedenen kleineren Grüppchen hervorgehenden Europa-Union zu, die auf diese Weise zahlreiche der früheren Anhänger der Paneuropa-Union übernahm. Tatkräftig trug zu diesem Prozeß auch Wilhelm Heile bei, der alte Rivale Coudenhoves aus den Weimarer Jahren und Gründungsmitglied der Europa-Union nach dem Zweiten Weltkrieg. Dieser ließ nichts unversucht, den Paneuropäer und seine, wie er sagte, „kindliche Laienhaftigkeit" und seine „Phantastereien" zu diffamieren. Indem sich die Europa-Union in der Bundesrepublik als Europaverband etablierte, Spendengelder und Kontakte zu Politik und Verwaltung gleichsam monopolisierte – und diese Privilegien mit Zähnen und Klauen verteidigte –, stieß Coudenhove in dem Moment auf Schwierigkeiten, in welchem er versuchte, die Paneuropa-Union in Deutschland wieder ins Leben zu rufen. Das kaum zu widerlegende Argument, eine Zersplitterung der Verbände stifte in der Öffentlichkeit nur Verwirrung, verschloß Coudenhove von vorneherein viele Türen in der Bundesrepublik. Und das, obwohl der Paneuropäer durch seine Bemühungen im Umfeld der Europäischen Parlamentarier Union, als Träger des ersten Karls-Preises der Stadt Aachen und aufgrund seines Rufes aus der Zwischenkriegszeit vor allem Anfang der fünfziger Jahre ein nicht unerhebliches Maß an öffentlicher Reputation genoß.

Wie immer war es insbesondere die Politik, auf die Coudenhove seine Hoffnungen stützte. Doch auch hier waren die Kontakte weniger ausgeprägt als in anderen Ländern, weil Deutsche erst zu einem relativ späten Zeitpunkt zu den Aktivitäten der Europäischen Parlamentarier Union hinzugezogen worden waren. Angesichts des Gründungsdatums des Verbandes im Sommer 1947 ist verständlich, daß aufgrund des Reiseverbots keine Deutschen an ihren ersten Treffen teilnahmen. Eine deutsche Gruppe der Europäischen Parlamentarier Union konnte sich erst in der zweiten Jahreshälfte 1948 bilden; sie setzte sich aus Mitgliedern der entstandenen Länderparlamente zusammen, hielt jedoch ganz offensichtlich kaum regelmäßige Zusammenkünfte ab.

Die deutsche Gruppe, darunter auch Konrad Adenauer, nahm im Herbst 1948 am 2. Kongreß der Europäischen Parlamentarier Union in Interlaken teil. Doch bestand zu diesem Zeitpunkt noch kein gesamtstaatliches Parlament in West-Deutschland, so daß die Deutschen keine nationale Plattform für die Durchsetzung des „Interlaken-Plans“ hatten. Außerdem hatten die deutschen Parlamentarier bis in den Sommer 1949 mit der Ausarbeitung des Grundgesetzes und der Gründung der Bundesrepublik Deutschland andere Prioritäten als die Aktivitäten der Europäischen Parlamentarier Union. So entfaltete die deutsche Gruppe in jener Phase, als die Europäische Parlamentarier Union europaweit in den Jahren 1947/48 ihre größte Bedeutung hatte, kaum Aktivität. Erst nach dem Mai 1949 stabilisierte sich die Gruppe und hatte bald 179 Mitglieder – von denen allerdings 90 Prozent gleichzeitig der Parlamentarischen Sektion der Europäischen Bewegung, also der nach dem Austritt der Briten gegründeten Konkurrenzorganisation der Europäischen Parlamentarier Union, angehörten.

Sozialdemokraten blieben der Europäischen Parlamentarier Union von vorneherein fern; die SPD hatte die Mitgliedschaft per Parteibeschluß als unerwünscht bezeichnet, so daß sich die Gruppe vorwiegend aus Mitgliedern der CDU/CSU-Landtagsfraktionen sowie der FDP-Fraktionen zusammensetzte. Ihr Geschäftsführender Vorsitzender war anfangs Friedrich von Prittwitz und Gaffron (CSU), später Erich Mende (FDP), flankiert von den Vorsitzenden Heinrich von Brentano (CDU), Carl von Campe (DP), Maria Niggemeyer (CDU) und Hugo Becker (BP). Als wichtiger Ansprechpartner Coudenhoves kamen auch Hans-Joachim von Merkatz (erst DP, dann CDU) und Friedrich Middelhauve (FDP) hinzu.

Vor allem eine Initiative Coudenhoves entwickelte in der Bundesrepublik und in der deutschen Sektion der Europäischen Parlamentarier Union Wirkung: die Idee eines deutsch-französischen Parlamentarieraustausches. In der ersten Jahreshälfte 1950 trafen sich mehrfach die deutschen und die französischen Mitglieder der

Europäischen Parlamentarier Union und diskutierten einen möglichen deutschen Beitritt zum Europa-Rat. Diese Möglichkeit des deutsch-französischen Austausches, der persönlichen Fühlungsnahme der Parlamentarier, war für die deutschen Teilnehmer wenige Jahre nach dem Ende des Zweiten Weltkrieges durchaus noch nicht selbstverständlich. Die Initiative wurde Coudenhove-Kalergi von den beteiligten Deutschen hoch angerechnet, und man erinnerte sich, wie Hans-Joachim von Merkatz es später formulierte, „mit besonderer Dankbarkeit" an die „glückvolle Art, mit der [Coudenhove-Kalergi] auftretende Spannungen zu mildern und Mißtrauen auf beiden Seiten abzubauen" verstand. Noch Jahre später, als Coudenhove von öffentlichen Stellen in der Bundesrepublik teilweise nur noch belächelt wurde, mahnte Merkatz gegenüber dem Auswärtigen Amt an, „daß Coudenhove uns in den ersten Jahren der wiedererstandenen deutschen Verhandlungsfähigkeit manche Tür geöffnet hat." Trotz dieser Dankbarkeit jedoch blieben Spannungen, die sich an der Person und dem Führungsanspruch Coudenhoves festmachten, auch in der Bundesrepublik nicht aus.

Es ist festzuhalten, daß sich die deutsche Sektion der Europäischen Parlamentarier Union zu einem Zeitpunkt organisatorisch festigte – nämlich nach Gründung der Bundesrepublik Deutschland –, als die Geschichte des internationalen Verbandes seinem Ende zuging. Die britischen Delegierten hatten den Interlaken-Plan bereits im Februar 1949 verworfen und damit die Spaltung der Europäischen Parlamentarier Union eingeleitet, die zur Gründung des Parlamentarischen Komitees der Europäischen Bewegung führte. Nachdem die Bundesrepublik an den Europarat assoziiert war, verlor die Europäische Parlamentarier Union schließlich auch dort an Nutzen und Bedeutung, hatten die Deutschen doch nun einen inoffiziellen Parlamentarieraustausch nicht mehr nötig. Als 1951 Verhandlungen über einen Zusammenschluß zwischen der internationalen Europäischen Parlamentarier Union und der parlamentarischen Sektion der Europäischen Bewegung zum Parlamentarischen Rat der Europäischen Bewegung aufgenommen wurden, schlossen sich die Deutschen relativ bald an. Auch wenn sich die Verhandlungen auf internationaler Ebene schließlich bis 1954 hinzogen, war die Geschichte der Europäischen Parlamentarier Union in der Bundesrepublik de facto mit dem Jahresende 1951 beendet.

In der Folgezeit konnte sich Coudenhove in der Bundesrepublik nur auf relativ wenige Politiker stützen. Dazu gehörten insbesondere Hans-Joachim von Merkatz und Erich Mende. Vor allem von Merkatz sollte über die nächsten beiden Jahrzehnte mit Coudenhove-Kalergi – trotz immer wieder auftretender Spannungen – verbunden bleiben. Er übernahm später auch zentrale Aufgaben in der Paneuropa-Union Deutschland. Doch weder von Merkatz noch ein anderer einflußreicher Politiker oder Wirtschaftsvertreter setzte sich tatsächlich und dauerhaft für die Paneuropa-Union in der Bundesrepublik ein. Die Gründe hierfür liegen einerseits in der Persönlichkeit Coudenhove-Kalergis selbst, andererseits in seinen politischen Vorschlägen und Konzeptionen, für die er in der Bundesrepublik spätestens seit Mitte der fünfziger Jahre deutlich in die Kritik geriet.

Im Mai 1952 rief Coudenhove-Kalergi die internationale Paneuropa-Union zurück ins Leben, doch schon bald wurde der Gründervater Europas mit der Realität konfrontiert: Denn die „Neugründung“ der Paneuropa-Union durch einfache Proklamation reichte noch nicht, eine lebensfähige Organisation zu schaffen. Sie führte zu keiner Unterstützung in den europäischen Ländern und auch nicht zu der unabdingbaren finanziellen Absicherung durch Spenden. Der Paneuropa-Union fehlte jede nationale Verankerung. Diese Tatsache überspielte Coudenhove mit dem Argument, die PEU würde allein auf internationaler Ebene wiedergegründet, da sie nationale Prinzipien ignoriere und damit der einzig „wirklich“ europäische Verband sei. Statt nationaler Sektionen sollten allein Ortsgruppen beziehungsweise „Clubs“ entstehen, die direkt mit dem internationalen Sekretariat in Verbindung standen. Eine Ausnahme bildete die Bundesrepublik. Die Gründe, warum Coudenhove gerade hier versuchte, eine nationale Sektion ins Leben zu rufen, sind nicht eindeutig. Wahrscheinlich war eine solche Sektion unabdingbar, um Spenden auch von offiziellen Stellen der Bundesrepublik bekommen zu können. In jedem Fall entstand eine Paneuropa-Union Deutschland mit Sitz in Düsseldorf, deren Präsidium Coudenhove selbst übernahm. Einfluß entfaltete diese Gründung allerdings nicht.

Zum 30jährigen Jubiläum der Gründung der Paneuropa-Union im Oktober 1954 beschloß man daher auf dem VI. Kongreß der PEU in Baden-Baden die erneute „Reorganisation der Paneuropa-Bewegung". Die Grundkonzeption blieb dabei die gleiche wie 1952: Bei Verzicht auf nationale Komitees sollte die internationale Sektion der PEU „nicht aufgrund von nationalen oder parteipolitischen Quoten erfolgen, sondern auf Grund persönlicher Eignung und Leistung." Neben diese „geschlossene internationale Gruppe" der Paneuropa-Union sollten dann die zahlreichen nichtorganisierten Anhänger der „offenen Paneuropa-Bewegung" treten. Eine Konzeption, die, wir haben es gesehen, Coudenhove bereits in den zwanziger und dreißiger Jahren propagiert hatte. Was damals allerdings primär zur Abwendung von Forderungen nach der Gründung einer Massenbewegung gedient hatte, war nun nötig, um die schwache Verankerung der Paneuropa-Union in den europäischen Gesellschaften zu rechtfertigen.

Der Baden-Badener Kongreß spiegelte die 1954 noch vorhandene Reputation des Paneuropäers in der Bundesrepublik. Wenn das Auswärtige Amt auch die „etwas heterogene Zusammensetzung der Kongreßteilnehmer [und] die wenig reale Sphäre der Erörterungen" kritisierte, hielt es die Veranstaltung dennoch für einen „propagandistischen Erfolg" und unterstützte Coudenhove im nachhinein finanziell. Auch die Presse berichtete über den Kongreß, der von politischer Prominenz gut besucht war, wenn auch vorwiegend aus dem eher konservativen Spektrum. So schien Coudenhove im Herbst 1954 gute Chancen zu haben, seine Neugründung der Paneuropa-Union erfolgreich zu verwirklichen.

Andere Europaverbände in der Bundesrepublik, allen voran die Europa-Union, nahmen diese Entwicklung mit Schrecken zur Kenntnis – und setzten zur Verteidigung an. Die Europa-Union plante, die „politische Führung und Repräsentanz der Bundesrepublik zu einer eindeutigen Stellungnahme gegenüber C." zu bewegen und „außerdem die Geldgeber auf einen Nenner [zu] bringen". Der finanzielle Kopf der Europa-Union, Friedrich-Carl Baron von Oppenheim, Seniorchef des Kölner Bankhauses Sal. Oppenheim jr. & Cie., schrieb in der Folgezeit gezielt potentielle Spender der Paneuropa-Union an und verwies darauf, „daß es in Wirklichkeit nur eine Organisation gibt, nämlich die Europa-Union, während es sich bei der Paneuropa-Union in Wahrheit um eine sehr persönliche Angelegenheit des Grafen Coudenhove-Kalergi handelt, der sich dabei [...] nicht auf eine wirkliche Organisation stützt."

Auch aufgrund dieser gezielten Gegenpropaganda sah sich Coudenhove, der bereits im März 1955 versuchte, mit einem weiteren Kongreß in Baden-Baden an seinen erfolgreichen Kongreß des Vorjahres anzuknüpfen, bald mit massiven Problemen konfrontiert. Zwar wurde auf diesem Kongreß die organisatorische Festigung der internationalen Paneuropa-Union vermeintlich vorangetrieben, indem Vizepräsidenten und ein Zentralrat gewählt sowie Statuten verabschiedet wurden. Insgesamt jedoch fand der Kongreß bereits wieder in viel kleinerem Rahmen statt als jener im Oktober 1954. Auch konnte er bei weitem nicht die gleiche Öffentlichkeitswirksamkeit erreichen. Im Nachgang des Kongresses blieben die Probleme die gleichen: Die Installation einer internationalen Paneuropa-Sektion und die Wahl von Zentralratsmitgliedern führt noch nicht zum Entstehen einer lebensfähigen, finanzierbaren Europaorganisation. Erneute Ankündigungen, die Paneuropa-Union zu reorganisieren und wiederzugründen, folgten.

Im Januar 1956 ging Coudenhove-Kalergi zum Gegenangriff auf die Europa-Union über. Indem er ihr, die freie Wahlen in der DDR gefordert hatte, vorwarf, dem westdeutschen Neutralismus in die Hände zu arbeiten, versuchte er für sich selbst und die Paneuropa-Union eine auf sachliche Argumente gegründete Legitimität zu schaffen. Er argumentierte, daß „freie Wahlen in einem totalitären Ostdeutschland [...] praktisch unmöglich sind" und „die Sowjets [...] keinen Friedensvertrag unterschreiben [würden], der nicht die Neutralisierung Deutschlands anerkennt." Coudenhove-Kalergi suchte eine Möglichkeit, die Paneuropa-Union in der Bundesrepublik wieder ins Spiel zu bringen. Dies erklärt auch seine Vorgehensweise, mit einem „Offenen Brief", den er gleichzeitig an die Presse, politische und gesellschaftliche Institutionen und an Einzelpersönlichkeiten in Politik und Wirtschaft schickte, an die westdeutsche Öffentlichkeit zu gehen. Die Auseinandersetzung mit der Europa-Union jedoch wirkte auf deutsche Beobachter erzwungen, hatte Coudenhove doch noch ein Jahr zuvor selbst freie Wahlen in Osteuropa gefordert und damit eine Position vertreten, die zum Grundbestand westlicher Außenpolitik Mitte der fünfziger Jahre gehörte. So erhielt der Paneuropäer nicht die erhoffte positive Resonanz.

Im Gegenteil: In der Bundesrepublik wuchs die Skepsis gegenüber dem Paneuropäer. Dazu trug Coudenhove-Kalergi selbst bei, der versuchte, seine organisatorischen Bemühungen um die Paneuropa-Union durch eine massive Kampagne zu unterstützen – mit Ideen jedoch, für die er in der Bundesrepublik kaum Zustimmung finden konnte. In den Kreisen der CDU-/CSU-Fraktion (die SPD stand den Ideen Coudenhoves unverändert ablehnend gegenüber) konnte man über Vorschläge zur Gründung einer unauflöslichen deutsch-französischen Union, einer „Doppel-Republik" mit „gemeinsamen Organen der Außenpolitik, der Wehrpolitik und der Wirtschaftspolitik" oder auch den Vorschlag, Europa solle sich dem Commonwealth anschließen, um so die bestehenden europäisch-britischen Probleme mit der Integration zu lösen, noch relativ nonchalant hinweggehen. Die Anregung Coudenhoves, die westdeutsche Nationalhymne durch des Grafen eigene Dichtung „unter Anlehnung an die alte österreichische Kaiserhymne" zu ersetzen, rief vorwiegend Lächeln hervor, was Coudenhoves Ruf als politischer Berater freilich nicht unbedingt verbesserte. Angesichts der Tatsache, daß all diese Vorschläge innerhalb weniger Monate erfolgten, ist es kein Wunder, daß man dem Paneuropäer die „Dehnbarkeit" seines Europa-Begriffes vorwarf. Hinzu kam, daß Coudenhove an den realen Entwicklungen der europäischen Integration, so wie sie sich in den fünfziger Jahren abzuzeichnen begann, kaum Interesse zeigte. Sein Gebiet blieben – wie seit Jahrzehnten – die weitreichenden Visionen und Pläne. Der tagespolitische Kampf um kleine Schritte hin zu einem europäischen Miteinander war seine Sache nicht, in der Zwischenkriegszeit ebenso wenig wie in der Nachkriegszeit. Angesichts des politischen Faktums „Europa“ nach dem Zweiten Weltkrieg mußte eine solche Haltung ihm jedoch langsam den Ruf eines Phantasten einbringen. Gefragt waren sowohl in den Augen der Öffentlichkeit wie auch der Politik Europaverbände, die sich in zäher Kleinarbeit dafür einsetzten, die Idee in der Bevölkerung zu verankern. Die Zeit der großen Visionen schien vorüber – und die der Visionäre damit erst recht.

Coudenhoves Position verschlechterte sich in der Bundesrepublik im Verlauf der fünfziger Jahre immer deutlicher. Seine Bemühungen um eine Wiederaufnahme deutsch-französischer Parlamentariergespräche in der Tradition jener des Jahres 1950 stießen auf den Widerstand anderer Europaverbände, und Coudenhove holte sich auch vom Auswärtigen Amt eine negative Reaktion auf seine Bitte um finanzielle Unterstützung. Zwar fand der erste Parlamentarier-Kongreß im Oktober 1956 auch ohne deutsche Zuschüsse statt, doch im Mai 1957 kam es zum Eklat. Coudenhove hatte sich an das Auswärtige Amt gewandt und um Förderung einer zweiten Parlamentarierkonferenz gebeten. Das Amt erklärte sich sehr wohl bereit, eine Parlamentarierkonferenz zu unterstützen, allerdings nur unter der Bedingung, daß Coudenhove selbst nicht teilnehmen dürfe. In Reaktion auf diese Forderung, die angeblich auf eine Anweisung des Außenministers von Brentano zurückging, gab Coudenhove das ihm 1955 verliehene Große Verdienstkreuz der Bundesrepublik Deutschland zurück. Auch wenn das Ganze im Nachhinein als „Mißverständnis“ deklariert wurde, Adenauer persönlich einsprang, um den brüskierten Coudenhove umzustimmen, und dieser daraufhin tatsächlich den Orden wieder an sich nahm, spiegelt sich in dieser peinlichen Affäre das gespannte Verhältnis deutscher Politiker zu dem Paneuropäer und seinen Ideen.

Ähnliches zeigte sich, als Coudenhove 1958 bei Hans-Joachim von Merkatz, mittlerweile Bundesminister für Angelegenheiten des Bundes und der Länder, nachfragte, ob dieser das Vizepräsidium der internationalen Paneuropa-Union übernehmen wolle. Die Reaktion von Merkatz, der trotz aller Konflikte und aller Kritik an Coudenhove grundsätzlich bereit war, sich wählen zu lassen, veranschaulicht, daß die Unterstützung der Paneuropa-Union durch einen Bundesminister nicht mehr selbstverständlich möglich war. Von Merkatz wandte sich an Adenauer und bat ihn „angesichts des bekannten Programms der PEU und im Hinblick auf die gegenwärtig etwas undurchsichtig gewordene Situation" um einen „Fingerzeig für die in diesem Falle einzuschlagende Marschroute". Gleichzeitig bemühte sich das Auswärtige Amt, auf von Merkatz Einfluß zu nehmen, indem man ihm mitteilte, daß die Paneuropa-Union „in ihrer Tendenz mit den deutschen Interessen und den konkreten Zielen der Bundesregierung in direktem Widerspruch steht. [...] Angesichts dieser Haltung der PEU scheint nach Auffassung des Auswärtigen Amtes kein Anlaß zu bestehen, daß sich ein Mitglied der deutschen Bundesregierung gerade im gegenwärtigen Zeitpunkt für den Po-sten eines Vizepräsidenten der Union zur Verfügung stellt. [...] Es kommt hinzu, daß bei der bekannten Haltung des Präsidenten der PEU auch in Zukunft mit Beschlüssen und Aktionen gerechnet werden muß, die den deutschen Interessen ausgesprochen zuwider laufen." Inzwischen hatte aber Adenauer seine Zustimmung gegeben, und von Merkatz übernahm die Vizepräsidentschaft der internationalen Paneuropa-Union.

Doch sollte sich in den nächsten Monaten und Jahren das durchwachsene Verhältnis zwischen den Westdeutschen und Coudenhove-Kalergi beziehungsweise seiner Paneuropa-Union nicht grundsätzlich ändern. Die Europa-Union versuchte weiterhin, Coudenhove daran zu hindern, in der Bundesrepublik Fuß (und Geld) zu fassen. Die Paneuropa-Union Deutschland existierte zwar auf dem Papier, Aktivität entwickelte sie jedoch keine. Coudenhove selbst manövrierte sich immer wieder ins Abseits mit seinen Vorschlägen und Memoranden zur Welt-, Europa- und Deutschlandpolitik. Besonders hoch schlugen die Wogen, nachdem er im Januar 1959, im Schatten der Berlin-Krise, sein Memorandum zur deutschen Frage „Einheit oder Freiheit" in zahlreichen Exemplaren verschickt hatte. Dieses Memorandum ähnelte dem Text des Berlin-Ultimatums von

Chruschtschow in manchem – wie Coudenhove überhaupt nach dem Tode Stalins 1953, angesichts seines traditionellen Antikommunismus, erstaunliche Hoffnungen auf Chruschtschow und die Entstalinisierung setzte, die er noch Anfang der sechziger Jahre als „Tor zur Wiedervereinigung Europas" bezeichnete.

In seinem Memorandum erklärte Coudenhove eine schnelle Wiedervereinigung für unmöglich. Die Westdeutschen sollten sich daher von diesem „Wahn" lösen, auf die Wiedervereinigung vorerst verzichten – die nach Coudenhove nur zum „Neutralismus" Deutschlands führen würde – und die seit 1949 entstandene Realität akzeptieren: die Existenz zweier deutscher Staaten beziehungsweise die Teilung Europas. Die Westdeutschen müßten endlich die Entscheidung zwischen „Einheit" und „Freiheit" treffen und statt auf die Wiedervereinigung zu hoffen, eine Union mit Frankreich als Ausgangspunkt der „Wiedervereinigung des europäischen Reiches Karls des Großen" anstreben. Damit knüpfte Coudenhove an Überlegungen von 1956 an, als er Adenauer erstmals zu einer De-Facto-Anerkennung der DDR geraten, für „friedliche Koexistenz" und für eine Friedenskonferenz zwischen Ost und West plädiert hatte. Während dieser Konferenz, deren Dauer Coudenhove auf mehrere Jahre schätzte, sollte ein weltweiter Waffenstillstand gelten, so daß „sich das internationale Klima langsam wandeln und konstruktiven Lösungen entgegenreifen, die heute noch unmöglich scheinen." Zwar war der Paneuropäer 1956 mit diesen Ideen nicht an eine breitere Öffentlichkeit getreten, doch hatten sich schon damals ihm nahestehende Politiker wie verbrannt von der Paneuropa-Union zurückgezogen.

1959 waren die Reaktionen jedoch weitaus heftiger. Wenn Coudenhove auch deutlich betont hatte, das Memorandum „Freiheit oder Einheit" sei die „persönliche Ansicht des Verfassers" und „in keiner Weise das Programm der Paneuropa-Union", half ihm dies in der Bundesrepublik nicht. Coudenhove hatte gegen alle Grundregeln der bundesrepublikanischen Außen- und Deutschlandpolitik verstoßen, in dem er den Verzicht auf die Wiedervereinigung und die Anerkennung der DDR forderte. Im Kern stoßen wir hier auf eine ähnliche Situation wie Anfang der dreißiger Jahre. Auch wenn der Paneuropäer häufig den „richtigen Riecher" für politische Zusammenhänge hatte und Konstellationen skizzierte, die erst Jahre oder Jahrzehnte später Eingang in die Politik fanden, so half ihm dies in seiner eigenen Gegenwart nicht. Aufgrund seiner fehlenden nationalen Verankerung mangelte es Coudenhove an Verständnis für spezifische nationale Problemlagen. Dazu gehörte in der Zwischenkriegszeit der „Korridor" ebenso wie in der Nachkriegszeit die Frage der Wiedervereinigung.

Die Reaktionen auf das Memorandum waren für Coudenhove verheerend. Von Merkatz beispielsweise trat unmittelbar von seinem erst vor wenigen Monaten übernommenen Vizepräsidentenposten der Paneuropa-Union zurück. Das Auswärtige Amt empfahl, die Veröffentlichungen Coudenhoves fortan „mit Schweigen zu übergehen", um ihnen „nicht durch amtliche Stellungnahme erhöhte Wirksamkeit zu verschaffen." Die Europa-Union, immer mit dem Problem konfrontiert, daß Außenstehende die Europa-Verbände miteinander verwechselten, veröffentlichte sofort eine Pressemitteilung, in der betont wurde, „daß wir mit der Paneuropa-Union oder ihrem Präsidenten weder organisatorisch noch ideologisch irgend etwas zu tun haben." Gleichzeitig bemühte man sich weiterhin, mit dem Grafen in irgendeiner Form ein Übereinkommen zu treffen, um eine weitere Aktivität der Paneuropa-Union – und inzwischen auch des Grafen selbst – in der Bundesrepublik zu verhindern. Die Europa-Union sah in den Vorstößen des Paneuropäers eine grundsätzliche Gefahr für den Europa-Gedanken in der Bundesrepublik. Hatte sie ihn Anfang der fünfziger Jahre, trotz aller Differenzen, noch im eigenen Lager gesehen, so konstatierte man im April 1959, daß Coudenhove einer föderativen Einigung Europas „gefährlich" im Wege stünde.

Zudem wurde jetzt ein Vorwurf gegenüber Coudenhove immer lauter, der bereits seit Jahren im Raum stand, ja schon in der Zwischenkriegszeit zu hören gewesen war. Offenbar waren sich all jene, die mit Coudenhove in Kontakt standen, von seinen Gegnern in der Europa-Union über die Verwaltungsbeamten im Auswärtigen Amt bis hin zu ihm nahestehenden Politikern einig, daß Coudenhove seinen Paneuropa-Aktivismus vor allem deshalb immer weiter trieb, weil er letztlich finanziell davon abhängig sei. Ernst Friedländer, Präsident der Europa-Union, bemerkte beispielsweise 1955: „Das ewige Übel an der Sache ist, daß der Graf darauf angewiesen ist, von seiner europäischen Aktivität zu leben und zwar im Stile eines Grandseigneurs der Donau-Monarchie von vor 1914." Diese Vorbehalte teilte ganz offenbar auch Außenminister Brentano, und sogar von Merkatz äußerte, daß die Paneuropa-Union Coudenhove „eine Existenzgrundlage persönlicher Art sichert" und dies die einzige Erklärung für sein verbissenes Engagement und seinen unbedingten Willen sei, sich abseits der Europäischen Bewegung möglichst deutlich zu profilieren. Mit diesen Vermutungen trafen die Beteiligten durchaus ins Schwarze. In der Tat war Coudenhove in zunehmendem Maße von den Einkünften aus seinen Paneuropa-Aktivitäten abhängig. Hatte er in der Zwischenkriegszeit noch von seinem ererbten Vermögen, den nicht unerheblichen Einnahmen aus dem Verkauf des Buches „Paneuropa" und auch von Spenden profitiert, war die finanzielle Lage Coudenhove-Kalergis nach dem Zweiten Weltkrieg weitaus schlechter. Hier liegt zwar nicht der einzige, aber doch ein wichtiger Grund für die ständigen Bemühungen um eine Wiederbegründung der Paneuropa-Union in der Bundesrepublik, konnte Coudenhove einer existierenden Paneuropa-Union Deutschland doch kräftige Spesenabrechnungen für jeden Tag, den er in der Bundesrepublik verbrachte, einreichen. Als aber sowohl die internationale wie auch die deutsche Paneuropa Union nicht wirklich auf die Beine kamen, die Spendeneinnahmen weitaus geringer ausfielen und sich auch seine Bücher nicht mehr in Massenauflagen verkauften, mußte Coudenhove sich immer stärker persönlich verschulden. Wenn sich in den sechziger Jahren die Situation auch aufgrund zeitweiliger Unterstützung aus Frankreich leicht verbesserte, stand er doch in der zweiten Hälfte der sechziger Jahre mit erheblichen Schulden da. Aus diesen Nöten heraus erklären sich Coudenhoves permanente Hoffnungen auf den Friedensnobelpreis: Mindestens in den Jahren 1931, 1940, 1945, 1952, 1953, 1957, 1958 und 1961 wandte er sich an Politiker mit der Bitte, ihn für den Preis vorzuschlagen. So schrieb er noch 1970 angesichts seiner desolaten finanziellen Verhältnisse: „Hätte ich den Nobelpreis, den ich längst verdient hätte, erhalten, so wäre diese Schuld getilgt." Die wiederholten Versuche anderer Europa-Verbände, Coudenhove durch ein regelmäßiges „Einkommen" von dem finanziellen Druck zu befreien und ihn damit gleichzeitig an die Kette zu legen, scheiterten: am Stolz des Paneuropäers, an seinem naiv-unerschütterlichen Optimismus, doch noch den nötigen Erfolg und die gerechte Anerkennung zu bekommen – und nicht zuletzt natürlich an der Tatsache, daß Coudenhove von seiner „europäischen Mission" tatsächlich durchdrungen war.

10.

Neue Chancen im Zeichen des Gaullismus: Die Paneuropa-Union in den sechziger Jahren

Angesichts der Probleme Coudenhove-Kalergis in der Bundesrepublik war eigentlich nicht zu erwarten, daß die Paneuropa-Union dort noch einmal Aufwind bekommen sollte. Ähnliches galt für die anderen europäischen Länder, in denen es um die Organisation nicht viel besser bestellt war. Doch als sich die politische Szenerie in Europa seit Ende der fünfziger Jahre zu verändern begann, spielte diese Entwicklung Coudenhove-Kalergi in die Hände. Entscheidend war dabei vor allem die Entwicklung des deutsch-französischen Verhältnisses seit der Regierungsübernahme de Gaulles 1958. Sie führte schließlich zu einem neuerlichen Aufschwung der Paneuropa-Union in Frankreich wie auch in der Bundesrepublik. Denn je stärker in der westdeutschen Außenpolitik, aber auch in der Parteienlandschaft der Bundesrepublik die Spannungen zwischen „Atlantikern" und „Gaullisten" wurden, desto mehr Möglichkeiten ergaben sich für eine Europa-Bewegung, die sich selbst als „gaullistisch" bezeichnete. Coudenhove witterte diese Chance und bemühte sich nach Kräften, sie zu nutzen.

De Gaulle und Coudenhove standen seit 1943 in losem Kontakt. Als de Gaulle im Mai 1958 in Frankreich zum Ministerpräsidenten und dann im Januar 1959 zum Präsidenten berufen wurde, richtete Coudenhove alle seine Hoffnungen auf den General. Erneut blieb er seiner lebenslangen Überzeugung treu, „daß große Dinge von großen Persönlichkeiten vollbracht werden müssen." Coudenhove stilisierte de Gaulle in der Folgezeit zur „größten politischen Erscheinung unserer Zeit", bezeichnete ihn als „konservativ und fortschrittlich zugleich", als einen „Gentleman vom Scheitel bis zur

Sohle, der sich in den Jahren der Einsamkeit auch zu einem Weisen entwickelt hat." Wenn er auch zugestand, daß de Gaulle eigentlich „französischer Nationalist" sei, war er doch überzeugt, daß der französische Staatspräsident als „Europäer des Geistes" und aus französischen Interessen europäisch handeln würde. Er sah in de Gaulles „Rückkehr zur Macht eine Bürgschaft für die Verwirklichung Paneuropas."

Im Windschatten de Gaulles wandelten sich auch Coudenhoves Europa-Vorstellungen wieder beträchtlich. Hatte er im September 1957 noch „die Errichtung der Vereinigten Staaten von Europa [...] durch eine Bundesverfassung" und die Einberufung einer konstituierenden Versammlung gefordert, war also seinen supranationalen Auffassungen der Nachkriegszeit weiterhin verbunden gewesen, so stellte er sich nur ein Jahr später an die Seite de Gaulles, der „gegen eine parlamentarische Konstituante [ist], da er nicht daran glaubt, daß sie eine zweckdienliche Verfassung ausarbeiten könnte." Nun war es wieder ein Staatenbund, der (wie in der Zwischenkriegszeit) im Zentrum von Coudenhoves „Paneuropa" stand, wenn der Graf auch immer wieder anklingen ließ, daß dieser Staatenbund später zu einem Bundesstaat ausgebaut werden könne. Dieses nach Coudenhove von de Gaulle mit der „glücklichen Formel eines ‚Europa der Vaterländer'" beschriebene Europa wäre, noch verstärkt durch „freundschaftliche Assoziation" mit afrikanischen Staaten (nun nicht mehr: Kolonien), als „großartige und gewaltige Weltmacht" den USA und der UdSSR ebenbürtig. So hatte sich Coudenhove seit Anfang der sechziger Jahre eindeutig auf gaullistischer Seite positioniert. Dementsprechend zögerte er nicht, seine Propaganda auf de Gaulle auszurichten, und veranstaltete 1960, unter starker französischer Beteiligung, in Nizza den IX. Kongreß der Paneuropa-Union unter anderem, um die Ideen de Gaulles zu unterstützen.

Auch wenn die Beziehungen zwischen de Gaulle und Coudenhove beziehungsweise der Einfluß der gaullistischen Partei (UNR) auf die Paneuropa-Union noch der genaueren Analyse bedürfen, läßt sich doch sagen, daß sich der französische Präsident ganz offensichtlich der Paneuropa-Union bediente, um seine europapolitischen

Konzepte in Frankreich und im Ausland zu vertreten. Ähnlich wie in der Zwischenkriegszeit ging man in Paris davon aus, daß die Unterstützung der eigenen Positionen durch einen privaten Europaverband bei den europäischen Nachbarn wie im eigenen Land durchaus von Nutzen sein könnte. Im Mai 1960 entstand daher eine nationale Paneuropa-Sektion in Frankreich. Die Initiative zu ihrer Gründung, die Coudenhove natürlich bereitwillig aufnahm, war aus Kreisen der UNR an ihn herangetragen worden. Äußerst ungewöhnlich in der Geschichte der Paneuropa-Union war, daß Coudenhove-Kalergi selbst kein Amt übernahm, sondern Louis Terrenoire, Informationsminister und Vorsitzender der gaullistischen Fraktion in der französischen Nationalversammlung, ihr als Präsident vorstand, flankiert von den Vizepräsidenten General Billotte und Georges Pompidou sowie dem Generalsekretär Alain Peyrefitte, alle drei ebenfalls Gaullisten. Auch auf internationaler Ebene zeigte sich der neue Einfluß der französischen Gaullisten. Im September 1959 wurde Louis Terrenoire zum neuen Vizepräsidenten der internationalen PEU gewählt. Außerdem schalteten sich die Franzosen offenbar nach der Regierungsübernahme de Gaulles in die Finanzierung der Paneuropa-Union ein. Damit ging es erstmals seit Kriegsende, ja sogar seit Anfang der dreißiger Jahre, mit der internationalen Paneuropa-Union wieder aufwärts. Was Coudenhove aus eigener Kraft nicht gelungen war, wurde nun aufgrund von politischen Interessen, die von außen in die Organisation hineingetragen wurden, Wirklichkeit.

In der Bundesrepublik blieb diese Anlehnung Coudenhoves an de Gaulle nicht unbemerkt, auch deshalb, weil der Paneuropäer keine Chance ausließ, sich selbst als Vorkämpfer des Gaullismus in der Bundesrepublik zu stilisieren und zu betonen, daß seine Beziehungen zur französischen Regierung „herzlicher denn je" seien. So stellte man in Bonner Unionskreisen fest, „daß die französische Regierung die Beziehungen zu den Kreisen um Coudenhove nicht in dem Maße abgebrochen hat, wie das von seiten deutscher Persönlichkeiten der Fall ist." Daher erschien es unklug, „die Distanzierung weiterzutreiben als unbedingt notwendig ist, denn die Coudenhove unterstützenden Kräfte in Frankreich verdienen unsere sorgfältige Pflege.“ Und selbst das Auswärtige Amt, das zwar weiterhin betonte, Coudenhoves Ideen seien „unrealistisch oder unzeitgemäß“, kam 1962 nicht mehr umhin festzustellen, daß der Paneuropäer seit 1960 einer „der wichtigsten Propagandisten der Ideen General de Gaulles“ sei.

Coudenhove versuchte, das vorhandene deutsche Interesse an Beziehungen zu Kreisen um de Gaulle von Anfang an für die Schaffung einer starken Paneuropa-Union Deutschland zu nutzen. Auch weil er weiterhin Memoranden und Artikel veröffentlichte, die in der Bundesrepublik nicht zur Akzeptanz seiner Ideen beitrugen, scheiterte er mit seinen Bemühungen allerdings so lange, bis 1962 die Fronten zwischen deutschen „Gaullisten“ und „Atlantikern“ abgesteckt waren und die Auseinandersetzungen um die außenpolitische Orientierung zwischen Paris und Washington aufbrachen. Erst als sich in den Reihen der CDU/CSU-Fraktion eine Gruppe von Abgeordneten formierte, die im Gefolge Adenauers eine festere Anbindung der Bundesrepublik an Frankreich anstrebten, wuchs auch das Bedürfnis nach einer Europa-Organisation, die eher der „westeuropäischen“ als der „atlantischen“ Dimension der Integration den Vorzug gab. Andere Verbände wie etwa die Europa-Union standen eindeutig und unzweifelhaft im Lager der „Atlantiker“. Coudenhove wiederum war sich dieser Konstellation durchaus bewußt und nützte sie, als er im März 1963, nachdem der deutsch-französische Vertrag im Januar unterzeichnet worden war, an die bundesdeutsche Öffentlichkeit trat und verkündete, „die Erneuerung der Paneuropa-Union Deutschland soll künftig jedem deutschen Europäer die Möglichkeit geben, selbst darüber zu entscheiden, ob er Europa mit de Gaulle, das heißt mit Frankreich, oder gegen de Gaulle, errichten will.“ Gleichzeitig betonte er den Gegensatz zwischen Paneuropa-Union und Europa-Union, die er als „antigaullistisch“ brandmarkte. Es war nur logisch, daß Coudenhove im Oktober 1965 auch das Ehrenpräsidium der Europäischen Bewegung niederlegte.

Die Europa-Union reagierte, indem sie sofort ein Dossier über

Coudenhove-Kalergis Äußerungen in den vergangenen Jahren zusammenstellen und an Vertreter von Politik und Wirtschaft verschicken ließ, von denen man wußte, daß Coudenhove mit ihnen wegen der Neugründung der Paneuropa-Union in Kontakt stand. Die Dokumentation zog vor allem Coudenhoves Memorandum „Zur deutschen Frage“ von 1959 noch einmal ans Tageslicht. Indem man rhetorisch fragte, „wer [durch die von Coudenhove geforderte Anerkennung der DDR] Moskau in die Hände arbeitet“, versuchte man, Coudenhove mit dem traditionell bundesrepublikanischen Antikommunismus zu schlagen.

Dennoch entwickelte sich die Paneuropa-Union nun, im Schatten und Gefolge der „Atlantiker-Gaullisten-Kontroverse“, erfolgreicher als jemals zuvor in den Jahren nach dem Zweiten Weltkrieg. Während Coudenhove weiterhin selbst Präsident blieb, fanden sich unter den Vorstandsmitgliedern der Paneuropa-Union-Deutschland unter anderem die Professoren Willy Hartner und Max Horkheimer, beide ehemalige Rektoren der Universität Frankfurt, der Präsident des Arbeitgeberverbandes Hans Constantin Paulssen, der Generalsekretär der Frankfurter Handelskammer Christian Krull, der Chefredakteur von Europress, Friedrich Engel, und Paul Wilhelm Wenger vom Rheinischen Merkur. Während sich bekanntere Politiker mit einem direkten Engagement im Vorstand weiterhin zurückhielten, waren eine ganze Reihe von deutschen „Gaullisten“ immerhin bereit, dem Ehrenkomitee der Paneuropa-Union ihren Namen zu leihen, darunter Richard Jäger, Karl Theodor von Guttenberg, Bruno Heck, Hermann Höcherl, Franz-Josef Strauß, Eugen Gerstenmeier, Alfons Goppel und Alois Hundhammer, aber auch Erich Mende und Hans Christoph Seebohm. Auch im internationalen Komitee der Paneuropa-Union waren nun mehr Deutsche vertreten, neben dem wiedergewählten Hans-Joachim von Merkatz der Historiker Friedrich Heer, der Journalist Paul Wilhelm Wenger und die Unternehmergattin Gabriele Henkel. Damit hatte Coudenhove erstmals seit der Zwischenkriegszeit wieder intensivere Kontakte zur deutschen Industrie, und es bildete sich auch ein aus Vertretern von Flick, Thyssen und den Phoenix-Gummiwerken bestehendes Finanzkomitee.

Schließlich hatte die Paneuropa-Union Deutschland mit Karl Friedrich Grau einen rührigen Generalsekretär gefunden, der sich bemühte, die organisatorische Entwicklung und Festigung des Verbandes in der Bundesrepublik voranzutreiben – wobei er allerdings eine ganz bestimmte Richtung einschlug.

Der 1922 geborene Grau war seit 1958 Mitbegründer und fortan Geschäftsführer der Studiengesellschaft für staatspolitische Öffentlichkeitsarbeit. Diese obskure konservative Vereinigung orientierte sich an den radikal antikommunistischen, rigoros konservativen Positionen des Publizisten William S. Schlamm, den Grau auch wiederholt zu Veranstaltungen der Paneuropa-Union heranzog. Anfang der siebziger Jahre geriet die Studiengesellschaft in die Kritik, nachdem Grau sich mit NPD-Funktionären getroffen hatte. In diesem Zusammenhang wurde er schließlich (vorübergehend) aus der CSU ausgeschlossen und mußte auch den Posten als Generalsekretär der Paneuropa-Union räumen. Grau war im übrigen gleichzeitig auch Vorstandsmitglied der rechtskonservativen Deutschland-Stiftung. Damit, aber auch über das zunehmende Engagement Otto von Habsburgs, geriet die Paneuropa-Union immer stärker in den Bann rechter Sammlungsbewegungen und Vertriebenenverbände, die Coudenhoves Organisation dann in den siebziger Jahren gezielt zur konservativen Europa-Bewegung in der Bundesrepublik aufbauen sollten. Diese Entwicklung war nicht von Coudenhove intendiert gewesen, sie war vielmehr eine Folge der politischen Situation in der Bundesrepublik und der spezifischen Interessen, die von außen an die Paneuropa-Union herangetragen wurden.

Angesichts der besseren Positionierung der Paneuropa-Union in der Bundesrepublik kam es Mitte der sechziger Jahre erstmals zur Gründung von „Regionalsekretariaten“ in Hamburg, Frankfurt und München, die in den umliegenden Bundesländern den Ausbau der Paneuropa-Union vorantreiben sollten. Darüber hinaus versuchte Grau das Programm der PEU Deutschland den spezifischen Problemen in der Bundesrepublik anzupassen und die Äußerungen Coudenhoves auf den nationalen Diskussionsrahmen hinzuentwickeln. So hieß es in einem Appell an „alle Deutschen“: „Wir sind Anhänger der vollen Integration als dem erstrebenswerten Endziel ‚Bundesstaat Europa' […]. Als Realisten wissen wir jedoch, daß […] der Weg nach Europa über den Bund sich immer enger zusammenfindender Staaten gehen muß. […] Das vereinte Europa wird die Souveränitätsrechte seiner Mitglieder anerkennen müssen, bis sich der europäische Staatenbund in einen Bundesstaat verwandeln wird. Wir sind Anhänger der Einbeziehung Englands in den Europa-Bund, wollen aber nicht diesem Fernziel das Nahziel eines kontinentalen Zusammenschlusses opfern. […] Ein deutscher Anti-Gaullismus erscheint uns als besondere Belastung, ja Bedrohung der deutsch-französischen Freundschaft […]." Ebenso forderte man eine „gleichberechtigte Partnerschaft zwischen den Vereinigten Staaten von Europa und einem vereinten Europa", einen „europäischen, keinen atlantischen Patriotismus" sowie den Aufbau einer „europäischen Atommacht". Die Paneuropa-Union Deutschland führte jetzt erstmals auch eine Reihe von Aktivitäten durch und plante die „Erarbeitung von leichtverständlichen Informationsmaterialien für Schulen und Universitäten", die Publikation von Kolumnen und die Verleihung eines „Paneuropa-Preises" bzw. einer „Coudenhove-Kalergi-Medaille".

Um das Jahr 1965 schien sich die Organisation für die Beteiligten daher durchaus positiv zu entwickeln. Die außen- und innenpolitische Lage seit Anfang der sechziger Jahre hatte dies möglich gemacht. Das wachsende Bedürfnis „gaullistischer" Kreise nach einem Europaverband, der ihren Positionen entgegenkam, ließ deutsche Politiker über die Vorbehalte gegenüber Coudenhove-Kalergi hinwegsehen. In der Paneuropa-Union sollten sich langsam aber sicher all jene sammeln, deren politischen Vorstellungen ein atlantisches Europa, wie es der bis dahin wichtigste Europa-Verband in der Bundesrepublik, die Europa-Union, vertrat, weniger entsprach.

Doch trotz dieser günstigen Konstellation, trotz des offenkundigen Bedürfnisses nach einem „gaullistischen" Europaverband, geriet der Aufbau der Paneuropa-Union in der Bundesrepublik wieder ins Stocken. Die Gründe dafür lagen, und das hat inzwischen einen beinahe tragischen Beigeschmack, wiederum in der schwierigen Persönlichkeit Coudenhove-Kalergis. Das seit Anfang der zwanziger Jahre immer wiederkehrende egozentrische, eitle Moment kam nun wieder zum Vorschein – es schien, als würden sich die Ereignisse wiederholen. Wieder einmal stand sich Coudenhove selbst im Weg und verhinderte damit einen weiteren Erfolg seines „Kindes“ Paneuropa-Union. Es kam zum Streit zwischen Coudenhove-Kalergi und Grau, vorwiegend über finanzielle Fragen. Außerdem hielt sich Grau mit Kritik am Führungsstil Coudenhoves nicht zurück – worauf der egozentrische Paneuropäer äußerst allergisch reagierte. Wie in den zwanziger Jahren, als Coudenhove ebenfalls in dem Moment in Konflikt mit seinen deutschen Aktivisten geraten war, als diese versuchten, ihm die Zügel der Paneuropa-Union Deutschland aus der Hand zu nehmen, schlug der Paneuropäer um sich. Offenbar fühlte er sich durch die Aktivitäten Graus und der Paneuropa-Union-Deutschland überfordert: „Auch abgesehen von den Finanzen ist es mir unmöglich, Präsident der Paneuropa-Union Deutschland zu bleiben, wenn ich nicht genau über die Tätigkeit des deutschen Zweiges der PEU informiert werde. [...] Es ist unmöglich, daß das Generalsekretariat so vorgeht, als ob der Präsident nichts weiter sei als eine Dekoration.“ Und schon wenige Tage später hieß es – ganz wie in den Zwanzigern: „Es kann nicht innerhalb der Paneuropa-Bewegung zwei verschiedene Programme geben, ein internationales und ein deutsches. Wenn wir uns nicht verständigen können, müssen wir uns trennen.“ Otto von Habsburg versuchte zu vermitteln, indem er vorschlug, von Merkatz solle das Präsidium der Paneuropa-Union Deutschland übernehmen. Diesem Wunsch schloß sich schließlich auch Coudenhove selbst an, so daß von Merkatz im Mai 1967 das Amt des Präsidenten der deutschen Paneuropa-Union übernahm.

11.

Der Lotse geht von Bord

Erstmals zog sich Coudenhove nun bewußt von einer Führungsaufgabe in der Paneuropa-Union zurück. Diese Entscheidung hatte freilich auch mit seinem Alter zu tun, denn der Graf war zu diesem Zeitpunkt bereits 73 Jahre alt und gesundheitlich angeschlagen, so daß er sich von den vielfältigen Aufgaben überlastet fühlte. Dennoch waren mit der „Amtsübergabe" die Probleme zwischen Paneuropa-Union Deutschland und ihrem Gründer nicht aus der Welt geschafft. Im Gegenteil, nun ging der Streit erst richtig los. Die Paneuropa-Union Deutschland steckte in finanziellen Nöten, unter anderem weil offizielle Stellen wie etwa das Auswärtige Amt sich mit Unterstützung weiterhin zurückhielten. Auch bundesdeutsche Wirtschafts- und Finanzkreise spendeten nicht im Übermaß. Und dies nicht allein, weil sie möglicherweise eher eine andere Organisation für unterstützenswert hielten, sondern weil die Spendenbereitschaft für „Europa" im Vergleich zu den fünfziger Jahren in der zweiten Hälfte der sechziger Jahre insgesamt erheblich zurückgegangen war. Auch andere Europaverbände bekamen dies zu spüren. Der Gemeinsame Markt war mehr oder weniger Realität, und damit das, was sich industrielle Kreise von der europäischen Integration versprochen hatten. Weiterhin größere Summen zu spenden, und damit möglicherweise eine supranationale Einigung voranzutreiben, lag nicht im Interesse deutscher Wirtschafts- und Finanzkreise, verband man mit Supranationalität doch vor allem die Sorge vor einer Einschränkung wirtschaftlicher Freiheiten.

Für die Paneuropa-Union in Deutschland wurde die Situation noch dadurch verschlimmert, daß sie immer auch zur Finanzierung von Aktionen der internationalen Paneuropa-Union herangezogen wurde, so daß sie, obwohl das Spendenaufkommen im Vergleich zu früheren Jahren gestiegen war, erhebliche Schulden hatte. Coudenhove wiederum glaubte, die Paneuropa-Union Deutschland habe ihm Spenden vorenthalten, und über dieser Frage kam es schließlich zur völligen Abkehr Coudenhoves von der Paneuropa-Union Deutschland: Er schlug ihre Auflösung vor. Deutlich spürt man, daß Coudenhove nun, nachdem er die absolute Kontrolle über die deutsche Paneuropa-Union verloren hatte, keinen Wert auf ihr Weiterbestehen legte. Vielmehr sah er in ihr eine Konkurrentin und versuchte daher, die Aktionshoheit in der Bundesrepublik wieder der internationalen Paneuropa-Union zukommen zu lassen. Zur Selbstauflösung allerdings war die Paneuropa-Union Deutschland nicht bereit.

Das Verhältnis zwischen Paneuropa-Union Deutschland und ihrem Gründervater war zerbrochen. Coudenhove lehnte das Ehrenpräsidium ausdrücklich ab; er hielt Vorträge in der Bundesrepublik, ohne daß das deutsche Generalsekretariat davon wußte, und ernannte einen „Generalkommissär der Internationalen Paneuropa-Bewegung in Deutschland", da die bestehende Paneuropa-Union für ihn „aufgehört hat, die internationale Paneuropa-Bewegung zu vertreten": „Für mich ist es im Grunde völlig gleichgültig, ob in Deutschland ein Verein besteht, der sich Paneuropa-Union Deutschland nennt oder nicht." So ähnelte in der zweiten Hälfte der sechziger Jahre die Konstellation derjenigen in der zweiten Hälfte der zwanziger Jahre, als Coudenhove-Kalergi sich ebenfalls mit seinen Anhängern in Deutschland überworfen hatte. Wiederum zeigte sich, daß Coudenhove nicht bereit war, Macht und Verantwortung zu teilen. Über fünfzig lange Jahre hinweg wollte er die absolute Oberhoheit über sein „Kind", die Paneuropa-Union, behalten. Menschen, die seine Ideen begeistert aufgriffen und ihn unterstützen wollten, mußten hinnehmen, daß er nicht bereit war, Anregungen zu akzeptieren und einer nationalen Sektion der Paneuropa-Union eigenständige Entscheidungsfreiheit zu gewähren. Dies geschah auch, jedoch sicher nicht nur aus finanziellen Erwägungen. Sein autoritärer Führungsstil war tief in Coudenhoves weltanschaulichen Überzeugungen verankert. Und ebenso wie er glaubte, „Paneuropa" würde letztlich nur durch einen mächtigen Politiker umgesetzt werden, und er sich daher nacheinander an Briand, Mussolini, Dollfuß, Roosevelt, Churchill, Adenauer und de Gaulle gewandt hatte, in der Hoffnung, sie würden seine Vision verwirklichen, so glaubte er auch, seine Paneuropa-Union sei allein das Werk eines Mannes. Er war und blieb der Überzeugung, daß „große Dinge von großen Persönlichkeiten vollbracht werden müssen" – und daß er selbst diese Persönlichkeit für die Europa-Bewegung des 20. Jahrhunderts sei.

Doch selbst in der Paneuropa-Union, von anderen Europaverbänden ganz abgesehen, sah man dies zunehmend anders, und so begann sich der Verband in den sechziger Jahren von seiner Vaterfigur zu lösen. Coudenhoves Zeit ging zu Ende. Neue Kräfte übernahmen langsam das Ruder, nicht nur in Deutschland. Im Zentralrat der internationalen Paneuropa-Union dachte man in der zweiten Hälfte der sechziger Jahre über neue Organisationsformen nach, über modernisierende Elemente in der Struktur der Paneuropa-Bewegung. Eine vollständige Neuorganisation und Neubelebung der Paneuropa-Union konnte indes erst in jenem Moment beginnen, als Coudenhove-Kalergi am 27. Juli 1972 verstarb. An der Spitze der neuen Führungskräfte stand Otto von Habsburg. Im Zweiten Weltkrieg hatte sich von Habsburg noch für eine Restitution der Monarchie in Österreich engagiert und eine mitteleuropäische Einigung beschworen, die an die untergegangene Doppelmonarchie erinnerte. Je deutlicher jedoch nach 1945 wurde, daß diese Pläne keinerlei Zukunft hatten, desto stärker verlegte von Habsburg sein politisches Engagement auf „Europa", seit 1979, gewählt bei der ersten Direktwahl, auch als Abgeordneter der CSU im Europaparlament. Bei der Revitalisierung der Paneuropa-Union standen von Habsburg konservative Kräfte aus ganz Europa zur Seite.

Otto von Habsburgs „Europa" war allerdings bei näherem Hinsehen ganz anders gestaltet als das „Paneuropa" Coudenhove-Kalergis, wenn es auch gewisse „Schnittmengen" gab. Als sich die Paneuropa-Union nach Coudenhoves Tod neu konstituierte, übernahm sie zwar bestimmte Element des alten „Paneuropa“, so weit dies überhaupt klar greifbar ist. Doch sie fügte der Idee einer „Weltmacht Europa“ vor allem zwei unverwechselbare Komponenten hinzu: die „Befreiung“ der mittel- und osteuropäischen Länder und die Verteidigung christlich-katholischer Werte. Beide Elemente waren in Coudenhoves Gedankengebäude, wenn überhaupt, eher randständig enthalten gewesen. Nun wurden sie in zuvor ungeahnter Weise auf die Fahnen der Paneuropa-Union geschrieben. Die neue Organisation empfahl sich „unzweifelhaft als konservativer europäischer Verband“, und tatsächlich gelang es der Paneuropa-Union, sich im Verlauf der siebziger Jahre, nicht zuletzt durch eine enge Verbindung mit Vertriebenenverbänden, als relativ gefestigte Organisation in der Bundesrepublik zu etablieren. Wenn auch die Organisationsstruktur der PEU unterhalb der nationalen Ebene schwach ausgeprägt blieb, so entwickelte sich seit 1975 eine starke Paneuropa-Jugend, aus deren Reihen die Erneuerung der Paneuropa-Union wesentlich mitgetragen wurde. Was Coudenhove jahrelang vergeblich versucht hatte, wurde nach seinem Tode Wirklichkeit.

Für diesen paradoxen Sachverhalt gibt es unterschiedliche Erklärungen. Zum einen herrschte gerade in der Bundesrepublik eine tiefgehende Skepsis gegenüber der Person Coudenhove-Kalergis. Vorbehalte gegenüber seiner Person und seinem Lebensstil verbanden sich mit einer grundsätzlichen Ablehnung vieler seiner europapolitischen Vorschläge – Vorbehalte, die durch die mit der Paneuropa-Union um finanzielle Mittel und Einfluß konkurrierende Europa-Union gezielt genährt wurden. Während Sozialdemokratie und Gewerkschaften den Grafen wegen seiner Unterstützung des österreichischen „Ständestaats“ in den dreißiger Jahren, aber auch seines allgemeinen Weltbildes als Exponenten einer vergangenen Zeit betrachteten, verbaute sich Coudenhove den Weg zu den eher rechts stehenden, konservativen politischen Kreisen der Bundesrepublik in der Mitte der fünfziger Jahre selbst. Seine Vorschläge zur Anerkennung der DDR und seine Rede vom westdeutschen „Wahn“ eines Glaubens an die Wiedervereinigung mußten angesichts des damals breiter werdenden außen- und deutschlandpolitischen Konsenses um Westintegration und Alleinvertretungsanspruch auf Ablehnung stoßen. Daher konnte die Paneuropa-Union in der Bundesrepublik erst zu jenem Zeitpunkt wieder „Morgenluft“ schnuppern, als dieser Konsens in den Unionsparteien durch die „gaullistische Herausforderung“ erstmals aufgebrochen wurde: Zu diesem Zeitpunkt entstand ein Bedarf nach einer Organisation, die „gaullistischen“ Interessen diente. Doch bot erst der Tod Coudenhoves einerseits, andererseits jedoch vor allem der fundamentale Wandel der späten sechziger Jahre, der mit Entspannungspolitik, gesellschaftlicher Liberalisierung, Studentenunruhen und sozialliberaler Koalition bei Konservativen tiefgehende Verunsicherung auslöste, eine wirkliche Chance für die Paneuropa-Union. Nun bestand in konservativen Kreisen der Wunsch nach einer Organisation, die die eigenen europapolitischen Vorstellungen und Forderungen vertrat, verbunden mit klar geäußerten, christlich verankerten Wertvorstellungen. So konnte die in den siebziger Jahren neuentstehende Paneuropa-Union zwar auf eine 50jährige Tradition zurückblicken, hatte aber bei näherem Hinsehen mit der alten Paneuropa-Union nicht mehr viel zu tun.

Dennoch: Der Name Paneuropa-Union blieb „intim und unzertrennlich mit dem Namen des Grafen Coudenhove-Kalergi verbunden.“ Das Andenken an den Grafen wird bis heute in der Paneuropa-Union gepflegt und Coudenhove als ein „Prophet“ und „Pionier“ verehrt. Coudenhove-Kalergi half dies allerdings in seinen letzten Lebensjahren nichts. Er vereinsamte im Alter zusehends. Seine verstockten Positionen, seine Angewiesenheit auf finanzielle Erfolge raubten ihm die Unterstützung. Man sah in ihm nur noch den Vertreter einer längst vergangenen Epoche. Sein Lebensstil, den er sich eigentlich nicht mehr leisten konnte, schien diese Unzeitgemäßheit abzubilden. Der Europäer hatte niemals ein wirkliches Zuhause besessen, vielleicht abgesehen von einem unter dem Schuldendruck in den sechziger Jahren zwangsweise verkauften Haus im Berner Oberland. Wie ein Grandseigneur des 19. Jahrhunderts reiste er unermüdlich durch die Grandhotels Europas, mietete Zimmerfluchten und Suiten, Personal und Angestellte immer dabei. Seine Zeitgenossen waren schließlich nur noch bereit, sein lebenslanges Engagement historisch zu würdigen. Seine aktuellen Beiträge und politischen Ideen, vorgetragen in endlosen Monologen, unfähig zum Dialog, wollte keiner mehr hören. Die Realität des europäischen Einigungsprozesses war an ihrem Visionär vorbeigezogen. Coudenhove spürte diese Entwicklung, und sie muß ihn schwer getroffen haben. Persönliches Unglück kam hinzu nach dem Tod seiner großen Liebe Ida Roland, als er überstürzt eine zweite Ehe mit Alix Tiele-Bally einging. Ob er sich am Ende tatsächlich das Leben genommen hat, so wie es seine ehemalige Sekretärin Hanne Dézsy behauptet, tut kaum etwas zur Sache. Er war alt und hoffnungslos, verschuldet und einsam. Als Richard Coudenhove-Kalergi am 27. Juli 1972 starb, erinnerten sich nur wenige seiner Verdienste um die europäische Einigung.

Historische Würdigung

Auch heute erfreut sich der Name Richard Coudenhove-Kalergi keiner breiten Bekanntheit. Wenn insgesamt die europäische Einigungsbewegung nicht zu den bekanntesten Kapiteln der Europäischen Integration zählt, so gilt dies in besonderem Maße für Coudenhove-Kalergi. Dies hat sicherlich mit der unglücklichen Wirkungsgeschichte des Paneuropäers in den Jahrzehnten nach dem Zweiten Weltkrieg gerade in der Bundesrepublik zu tun. Es hat zu tun mit der Verzweiflung der Zeitgenossen über die arrogante, anmaßende Art, die Coudenhove an den Tag legen konnte, mit seiner Selbstüberschätzung. Doch war es wohl gerade diese Selbstüberschätzung, die Coudenhoves Wirken ermöglichte. Es gelang ihm, einem Privatmann, Zugang zu den wichtigsten Politikern seiner Zeit zu erhalten. Er warb immer und überall für seine europäischen Ziele, er hatte sich mit Leib und Seele „Paneuropa" verschrieben. Er war von seiner Mission so vollkommen überzeugt, daß für ihn jegliche Kritik an seiner Person, seinem Führungsstil und seinen Ideen Verrat gleichkam.

Und doch hat Coudenhove-Kalergi, trotz oder vielleicht auch wegen seiner nicht alltäglichen Art, enorm viel für den europäischen Gedanken erreicht. Wenn er auch nicht der einzige war, so war doch er es, der den Gedanken einer Einigung Europas in der Zwischenkriegszeit massiv in Politik und Öffentlichkeit hineintrug. Gerade sein Auftreten und sein Selbstbewußtsein verschafften ihm eine Aufmerksamkeit, die anderen „Europäern" nicht zuteil wurde. Durch ihn wurde der Begriff „Paneuropa" ein Synonym für die europäischen Verständigungsbemühungen Mitte der zwanziger

Jahre. Er kam als erster auf die Idee, eine Organisation zu gründen, die den theoretischen Konzepten in der rauhen politischen Wirklichkeit zum Durchbruch verhelfen sollte. Damit kann er bis heute als Vater der europäischen Einigungsbewegung gelten. Wenn sich auch die meisten Verbände nach dem Zweiten Weltkrieg aus anderen Wurzeln speisten – die Idee stammte von ihm.

Zwar gelang es ihm nicht, auch nur einen seiner politischen Vorschläge in die Realität umzusetzen; zwar stieß er mit seinen konkreten Ideen immer wieder auf Ablehnung. Und doch war er es, der der Idee „Europa" in der Zwischenkriegszeit insgesamt zum Durchbruch verhalf. Gleiches erreichte er während des Zweiten Weltkriegs, im Exil in den USA. Gewiß, er bestimmte nicht die Außenpolitik der Vereinigten Staaten mit, er war für keine Wende in dieser Außenpolitik verantwortlich. Und doch hat er dazu beigetragen, daß „Europa" langsam aber sicher auch jenseits des Atlantik zu einer politischen Größe, einem politischen Begriff wurde. Coudenhoves Idee einer europäischen Parlamentarier-Union nach dem Zweiten Weltkrieg war schließlich ebenfalls weiterführend und bot angesichts der Zeitumstände erstmals wieder die Möglichkeit zu Austausch und Kontakt zwischen europäischen Abgeordneten. Auch auf diese Weise trug der Paneuropäer nach 1945 zur Verwirklichung der europäischen Integration bei, so wie sie sich seit den frühen fünfziger Jahren entwickelte.

Coudenhove-Kalergi scheiterte im Konkreten, er machte sich lächerlich und riskierte – vielleicht unbewußt – die Ablehnung durch seine Zeitgenossen, denen er mit seinen ewigen Briefen, Memoranden und Vorschlägen auf die Nerven ging. Er war ein schwieriger Mensch, der sich ununterbrochen selbst im Wege stand. Er war politisch realitätsfern und hatte kein Verständnis für nationale Problemlagen sowie, vor allem, die ungebrochene Kraft des Nationalen. Jenseits seiner Transnationalität indes war er in seinen politischen und sozialen Ordnungsvorstellungen ein Mann des 19. Jahrhunderts. Aus seinem festgefügten Weltbild hat er sich niemals befreien können, wollte es vielleicht nicht einmal, wollte jedoch auch nicht verstehen, warum er mit seinen Ansichten vor allem nach

1945 beinahe überall auf Ablehnung stieß. Doch trotz dieser negativen Bilanz: Richard Coudenhove-Kalergi, der Einzelkämpfer und Privatmann in der großen Politik, war einer der wichtigsten Vorkämpfer Europas im 20. Jahrhundert.

Quellen- und Literaturhinweise

Jede Beschäftigung mit Richard Coudenhove-Kalergi sollte bei den zahlreichen Schriften des Grafen ansetzen. Neben seinem ersten erfolgreichen Buch „Paneuropa" (Wien 1923, Neuauflage mit einem Vorwort von Otto von Habsburg, München 1982) und der Zeitschrift Paneuropa (1/1925 – 9/1933) sei dabei vor allem auf die autobiographischen Schriften Coudenhove-Kalergis verwiesen, inbesondere: Europa erwacht (Zürich/Wien 1934); Crusade for Europe (New York 1943); Kampf um Europa. Aus meinem Leben (Zürich 1949); J'ai choisi l'Europe (Paris 1952); Eine Idee erobert Europa (Wien 1958); Paneuropa 1922–1966 (Wien/München 1966); Ein Leben für Europa (Köln/Berlin 1966). Eine ganze Reihe von politischen, philosophischen oder zeitgeistigen Schriften treten hinzu (in Auswahl): Ethik und Hyperethik (Leipzig 1923); Krise der Weltanschauung (Wien 1923); Praktischer Idealismus. Adel – Technik – Pazifismus (Leipzig/Wien 1925); Held oder Heiliger (Leipzig/Wien 1927); Gebote des Lebens (Leipzig/Wien 1931); Stalin & Co. (Wien/Leipzig 1931); Revolution durch Technik (Leipzig/Wien 1932); Judenhaß von heute (Wien/Zürich 1935); Totaler Mensch – totaler Staat (Leipzig/Wien 1937); Kommen die Vereinigten Staaten von Europa? (Glarus 1938); Europa seeks Unity (New York 1948); Die europäische Nation (Stuttgart 1953); Vom ewigen Krieg zum großen Frieden (Göttingen 1956); Der Gentleman (Zürich 1962); Die europäische Mission der Frau (Zürich 1962); Mutterland Europa (Zürich 1963); Die Wiedervereinigung Europas (Wien/München 1964); Für die Revolution der Brüderlichkeit (Zürich 1968); Weltmacht Europa (Stuttgart 1971).

Angesichts der in Coudenhove-Kalergis Büchern immer wieder festzustellenden Selbstüberschätzung und Selbstinszenierung ist es allerdings ratsam, zu diesen veröffentlichten Schriften auch unveröffentlichtes Material hinzuzuziehen, welches die Bedeutung seines Wirkens realistischer spiegelt. In der Fondation d'Archives europénne in Genf liegt ein Großteil des Nachlasses von Coudenhove, darunter auch Unterlagen zur Paneuropa-Union, Redemanuskripte und Korrespondenzen. Der Schwerpunkt dieser Materialien umfaßt die Jahre nach 1938. Lange hat man, aufgrund einer in diese Richtung zielenden Äußerung Coudenhoves selbst, angenommen, die Akten der Paneuropa-Union aus den 20er und 30er Jahren seien beim deutschen Einmarsch in Österreich 1938 vernichtet worden. Erst nach dem Zusammenbruch der Sowjetunion zeigte sich hingegen, daß diese Materialien über Berlin ihren Weg nach Moskau gefunden hatten, wo sie heute im Zentralen Staatsarchiv liegen. Ein Teil dieser Akten kann in Kopien in Genf eingesehen werden. Einige Texte Coudenhoves haben darüber hinaus auch in Quellensammlungen Eingang gefunden: *Walter Lipgens* (Hg.), Documents on the History of European Integration, 4 Bde. (Berlin 1984–1989); *Walter Lipgens* (Hg.), Europa-Föderationspläne der Widerstandsbewegungen 1940–1945. Eine Dokumentation (München 1968).

Für eine erste Annäherung an Coudenhove-Kalergi und sein Wirken über die Sekundärliteratur bieten sich diverse Überblicksdarstellungen und Untersuchungen zur Geschichte der europäischen Integration und der europäischen Einigungsbewegung an. Diese gehen in zum Teil knappen Abschnitten auf „Paneuropa“ ein und betten es in den Gesamtzusammenhang ein, wobei der Schwerpunkt des Interesses allerdings ganz überwiegend auf der Zwischenkriegszeit liegt, z. B.: *Jean-Luc Chabot*, L'idee d'Europe unie de 1919 à 1939 (Grenoble 1978); *Reinhard Frommelt*, Paneuropa oder Mitteleuropa. Einigungsbestrebungen im Kalkül deutscher Wirtschaft und Politik 1925–1933 (Stuttgart 1977); *Derek Heater*, The Idea of European Unity (Leicester 1992); *Karl Holl*, Europapolitik im Vorfeld der deutschen Regierungspolitik. Zur Tätigkeit proeuropäischer Organisationen in der Weimarer Republik, in: Historische Zeitschrift 219 (1974), 33–94; *Walter Lipgens*, Die Anfänge der europäischen Einigungspolitik 1945–1950, Bd. 1: 1945–1947 (Stuttgart 1977) [Bd. 2 nicht erschienen]; *Wilfried Loth*, Der Weg nach Europa. Geschichte der europäischen Integration 1939–1957 (Göttingen [3]1996); *Frank Niess*, Die europäische Idee. Aus dem Geist des Widerstands (Frankfurt am Main 2001); *Wolfgang Schmale*, Geschichte Europas (Wien u. a. 2001).

Für eine intensivere Beschäftigung mit dem Leben Richard Coudenhove-Kalergis ist die Literaturlage weniger gut. Bisher existierte keine kritische Biographie Richard Coudenhove-Kalergis. Zwar erwähnen die allermeisten Arbeiten, die sich mit „Paneuropa“ beschäftigen, auch den Lebensweg Coudenhoves – aufgrund der engen Verknüpfung zwischen Leben und Werk des Paneuropäers ist dies nicht verwunderlich. Doch handelt es sich hier ganz überwiegend um knapp gehaltene Aufsätze, die sich so gut wie ausschließlich an den autobiographischen Schriften Coudenhoves orientieren, so daß die propagandistischen und selbstbezogenen Erfolgschilderungen des Grafen teils unreflektiert übernommen werden, etwa: *Walter Hagemann*, Die Europaidee bei Briand und Coudenhove-Kalergi. Ein Vergleich, in: Aus Geschichte und Politik. FS zum 70. Geburtstag von Ludwig Bergsträsser (Düsseldorf 1954), 153–166; *Rolf Italiaander*, Richard Niklaus von Coudenhove-Kalergi: Begründer der Paneuropa-Bewegung (Freudenstadt 1969); *Erhard Krieger*, Große Europäer heute. Erasmus von Rotterdam, Carl J. Burckhardt, Richard Graf Coudenhove-Kalergi, Albert Camus (Frankfurt am Main 1964). Auch jüngere Aufsätze zum Themenkomplex „Paneuropa“ knüpfen hier an und ziehen nur in den seltensten Fällen neues Quellenmaterial hinzu: *Jerzy Lukaszewski*, Coudenhove-Kalergi (1894–1972) et Paneurope, in: Annuaire Européen/European Yearbook 28 (1980), 52–80; *Jean Nurdin*, Coudenhove-Kalergi et le Movement Paneuropéen, in: L'Autriche et l'idée d'Europe. Actes du 29e Congrès de l'AGES, Dijon 10./11. 5. 1996, hg. von *Michel Reffet* (Dijon 1997), 273–278; *Ralph T. White*, The Europeanism of Coudenhove-Kalergi, in: European Unity in Context: The Interwar Period, hg. von *Peter Stirk* (London

1989), 23–40; *Michael Gehler/Anita Ziegerhofer*, Richard Coudenhove-Kalergi und die Paneuropa-Union. Von den Anfängen bis in die Gegenwart, in: *Robert Rill/Ulrich Zellenberg* (Hgg.), Konservativismus in Österreich. Strömungen, Ideen, Personen und Vereinigungen von den Anfängen bis heute (Graz/Stuttgart 1999), 291–312. Eine Ausnahme bildet die aus einer Magisterarbeit hervorgegangene, in Deutschland allerdings kaum erhältliche Arbeit Franck Thérys zur Paneuropa-Union im Frankreich und Deutschland der zwanziger und dreißiger Jahre: *Franck Théry*, Construire l'Europe dans les années vingt. L'action de l'Union paneuropéenne sur la scène franco-allemande, 1924–1932 (Genf 1998).

Die wichtigste – weil einzige – deutschsprachige Monographie zu „Paneuropa" und Coudenhove-Kalergi, die erstmals auch den Nachlaß auswertet, stammt von *Martin Posselt*, Richard Coudenhove-Kalergi und die Europäische Parlamentarier-Union. Die Parlamentarische Bewegung für eine „europäische Konstituante" 1946–1952, Phil. Diss. (Graz 1987). Die Dissertation ist jedoch nicht im Druck erschienen und daher nur schwer zugänglich. Vgl. auch die Aufsätze Posselts: „Ich bin seit dem Zusammenbruch meines österreichisch-ungarischen Vaterlandes ein überzeugter europäischer Patriot." Richard Coudenhove-Kalergi, Paneuropa und Österreich 1940–1950, in: Michael *Gehler/Rolf Steininger* (Hgg.), Österreich und die europäische Integration 1945–1993. Aspekte einer wechselvollen Entwicklung, (Wien u. a. 1993), 367–404; Die deutsch-französischen Beziehungen und der Briand-Plan im Spiegel der Zeitschrift Paneuropa, 1927–1930, in: *Antoune Fleury* (Hg.), Le Plan Briand d'Union fédérale européene, (Bern u. a. 1998), 31–51; Die Paneuropa-Idee des Grafen Richard Coudenhove-Kalergi, in: Annals of the Lothian Foundation 1 (1992) 221–234. Posselt gehört allerdings zu den Mitgliedern der heutigen Paneuropa-Union: Seine Arbeiten tragen unverkennbar hagiographische Züge, ihnen mangelt es an kritischer Distanz. Diese Schwäche gilt auch für andere Texte aus der Feder von „Paneuropäern", z. B.: *Morinosuke Kajima/Jacques De Launy/Vittorio Pons/Arnold Zurcher*, Coudenhove-Kalergi, le pionnier de l'Europe unie, Lausanne 1971; teils auch *Marco Pons*,

La pensée et l'action de Coudenhove-Kalergi, Bd. 1: L'idée pacifiste source première de l'œuvre du fondateur de l'union paneuropénne 1914–1926 (Lausanne 1979). Doch nicht nur die Anhänger, auch die Gegner Coudenhoves aus den Reihen der Europa-Union oder der Europäischen Bewegung haben sich, meist im Zusammenhang mit Untersuchungen zur Vorgeschichte der europäischen Integration oder zur Geschichte der europäischen Einigungsbewegung mit dem Wirken des Paneuropäers auseinandergesetzt. Hier überwiegen die skeptischen Stimmen, und man findet in diesen Texten noch so manche Spur des spannungsreichen Mit- und Gegeneinanders der unterschiedlichen Europaorganisationen in der Nachkriegszeit, vgl. etwa: *Erich Friedländer*, Wie Europa begann (Köln 1965); *Claus Schöndube*, Ein Leben für Europa. Richard Graf Coudenhove-Kalergi, in: *Thomas Jansen/Dieter Mahncke* (Hgg.), Persönlichkeiten der Europäischen Integration. Vierzehn biographische Essays (Bonn 1981), 27–70. So spiegelt noch die Literaturlage zum Leben und Wirken Richard Coudenhove-Kalergis seine umstrittene Rolle als Visionär und Vorkämpfer der europäischen Einigung.